Du pouvoir, des homards...
mais surtout de l'écologie !

Du même auteur

*À quoi peut bien servir un député écolo*, Les Petits Matins, 2012.
*Écologie ou gauchisme, il faut choisir*, L'Archipel, 2015.

François de Rugy

# Du pouvoir, des homards...
# mais surtout de l'écologie !

PLON
www.plon.fr

92, avenue de France
75013 Paris
Tél. : 01 44 16 09 00
Fax : 01 44 16 09 01
www.plon.fr
www.lisez.com

Dépôt légal : octobre 2021
ISBN : 978-2-259-30726-0
Mise en pages : Nord compo

*À mes parents,*
*qui m'ont éveillé à l'écologie dès mon plus jeune âge.*

*À mes proches,*
*particulièrement mes enfants Aloïse et Isaac,*
*qui ont eu à subir les aléas de l'engagement politique.*

*À toutes celles et tous ceux qui m'ont accompagné*
*et soutenu dans mes aventures politiques,*
*notamment mes collaborateurs*
*sans qui rien n'aurait été possible.*

# Prologue

J'ai tellement conscience de ce qu'on attend de moi.

On attend de moi que je me confonde en excuses, que j'expie mes supposés crimes, que je supplie pour un pardon. Car en reconnaissant les fautes, en les décryptant, j'y trouverais peut-être des circonstances atténuantes, je pourrais peut-être capter l'attention et la bienveillance d'une partie de l'opinion – après tout, depuis *Douze hommes en colère*, on sait bien qu'un juré seul peut suffire à faire basculer la balance. À éviter un verdict de culpabilité que chacun s'imagine écrit d'avance. Certaines plaidoiries *sublimes, forcément sublimes*, ont décrit le suspect en coupable.

On attend de moi qu'avec des mots choisis, des mots pesés de communicants, je tente de susciter chez le lecteur de la compassion. Que je me construise, en cette ère du triomphe victimaire, un statut de victime. Peu importe de quoi.

Je pourrais choisir de me décrire en victime d'un titre de la presse qui se prétend d'investigation mais qui emprunte toute sa stratégie marketing – et parfois jusqu'à ses pratiques journalistiques – à la presse à scandales. Ce ne serait pas très compliqué – parce que c'est vrai : photos volées, autopromotion frénétique d'articles par le grand prêtre et ses apôtres sur les réseaux sociaux, papiers carrément publiés en accès libre et gratuit (et conclus par un appel à l'abonnement), « feuilletonnage » de l'information... un chapitre entier n'y suffirait pas. Car la machine à scandales fait vendre des abonnements. Quelques semaines après « l'affaire », Mediapart, sans mon autorisation bien sûr, ira jusqu'à utiliser mon image pour une campagne de publicité sur Internet. Quel meilleur épilogue, en forme d'aveu ?

Je pourrais choisir d'être la victime déguisée en coupable, le fameux coupable idéal, paratonnerre d'une société politique qui, en désignant le bouc émissaire, se garantirait le répit nécessaire à la poursuite, *business as usual*, de ses activités.

Ou, encore, je pourrais raconter toutes les tentatives de pression, d'intimidation, les cambriolages suspects – jamais élucidés, et n'ayant donné lieu quasiment à aucun vol – qui se sont produits à mon domicile nantais, dans mon ancienne permanence de député, dans mon bureau même du ministère, pour laisser planer le doute sur les activités d'officines au service d'intérêts puissants. Après tout, mon prédécesseur ne s'est pas privé de mettre en avant ces fameux « lobbies », de dénoncer ces fameuses officines pour justifier un certain nombre d'articles détestables parus à son sujet. Depuis, tout cela oublié, de retour sur son confortable Aventin, il distribue bons et mauvais points (plus souvent les mauvais) à ceux qui, eux, ont choisi de continuer à agir pour faire évoluer nos politiques publiques.

Je pourrais avoir été victime de proches, de ceux qui ont franchi les frontières de mon intimité et qui, saisissant l'occasion d'une querelle pathétique, ont tiré parti de ce moment de vie partagé et de son souvenir sur smartphone pour porter un coup qu'ils voulaient fatal.

Je pourrais aller jusqu'à me décrire en bourreau de moi-même, victime d'une difficulté quasi maladive à respecter tout ce qui ressemble de près ou de loin à une échéance qui a fait de mes retards une plaie pour mes proches et mes collaborateurs, qui m'amène à aussi payer systématiquement mes factures au dernier moment. Plaider la circonstance atténuante de la phobie administrative, ça s'est déjà vu – mais le rapport tout particulier à l'honnêteté de celui qui s'y est aventuré, qui lui a valu une condamnation pénale, a rendu l'explication périlleuse. Ce serait de surcroît faux : plusieurs contrôles fiscaux ont fait apparaître que j'aurais pu payer moins d'impôts, si justement, j'avais été plus rigoureux dans les paperasses administratives...

J'aurais pu écrire un livre pour me construire ce statut de victime. De quoi occuper une nouvelle place dans le débat public. Une place de choix, car, Caroline Fourest l'a magistralement démontré, le temps est aux victimes.

On attend probablement de moi que je cherche à trouver dans l'audience d'une tournée médiatique de promotion, ou dans les chiffres de vente, l'espoir d'un avenir sur la scène publique.

Après tout, pourquoi viser la décence, quand on peut espérer l'audience ? Un livre de « révélations », qui provoquerait son lot de polémiques pourrait faire l'affaire. À mon tour, je pourrais « feuilletonner ».

Après tout, le respect de l'intimité et des conversations privées n'est manifestement plus un principe. Il me suffirait de livrer des anecdotes croustillantes sur ceux qui nous gouvernent, de révéler des faits, des conversations, des décisions en les présentant de telle manière qu'ils soulèvent des vagues de polémiques ou d'indignation. Ça marche bien, l'indignation. On en fait des livres qui finissent en best-sellers, même si leur obsolescence est plus rapide encore que n'importe quel produit de grande consommation *made in China*.

Je pourrais aussi, dans la relation de cette expérience du pouvoir, jouer, au détriment d'autrui, la carte de l'humour assassin, de celui qui emporte tout sur son passage et engendre des sujets de plaisanteries sans fin. Étonnant comme l'humour, qu'on sait depuis Bergson indissociable de la condition humaine, qu'on sait depuis *La vie est belle* de Benigni indispensable à la survie, peut aussi se muer en arme redoutable. Il suffit de savoir viser et, parfois, le rire tue.

Je pourrais encore, pour la cause, forcer ma nature pour y puiser un peu de bonne vieille méchanceté, de celle qui vous permet de tracer en quelques lignes des portraits accablants de personnages publics – si possible politiquement proches, ça n'en aurait que plus de retentissement. De cette méchanceté – bien dosée, sinon on risquerait le sort du personnage de *Ridicule* – qui exécute son objet en une poignée de bons mots. Aussi sûrement qu'une rafale.

Tout cela au risque de beaucoup de rancunes. Mais il est des milieux où, dit-on, sans ennemi, on n'existe pas.

Tout cela au risque d'inimitiés nouvelles. Mais il y a belle lurette que célébrité ne rime plus avec affection. Les deux mots n'ont, au demeurant, jamais rimé.

Dans le jeu médiatique, après tout, peu importe ce qu'on dit, pourvu que ce soit entendu : c'est la recette du succès des « Grandes Gueules ». Peu importe que le chroniqueur régulier soit aussi régulièrement condamné pour des propos racistes ou révisionnistes : sa présence garantit l'audience. Et la politique c'est, un peu comme la télé, une question de part de marchés. Peu importe finalement le top du classement Médiamétrie, peu importe la sympathie qu'on inspire : l'essentiel est d'y être mesuré et de s'y garantir une place dans le paysage.

Bref, on attend de moi que je bâtisse les conditions d'une forme de rédemption, et d'un maintien sur la scène politique. Que je réclame « encore ». Alors que je ne sais pas encore si je ne vais pas finalement dire « stop ».

Si les ingrédients sont là – le *mea-culpa* poignant, le numéro de Calimero, les révélations, les pincées, savamment dosées, d'indignations, de moqueries, de méchancetés –, on peut espérer que les explications « au fond », comme disent les avocats, soient entendues, que le doute naisse dans l'esprit de ceux qui m'ont déjà condamné – sans que la justice n'ait jamais eu à traiter de ce qui m'est reproché, parce qu'il n'y avait aucun délit à poursuivre.

Alors, j'alignerais les chiffres, les documents comptables : on pourrait y constater que, sous ma présidence, à l'Assemblée nationale, la baisse du budget des réceptions, la réduction des salaires du cabinet, la fonte des dépenses de déplacement ont été d'une ampleur jamais enregistrée. Et si la vérité d'une politique de sobriété de l'institution était dans ces chiffres, implacables, plutôt que sur quelques photos volées ? Des photos aux couleurs habilement retravaillées pour que le homard soit bien écarlate. Des photos soigneusement recadrées pour qu'il puisse y gagner le qualificatif de « géant » – quand bien même cela ne correspond à aucune sorte de crustacé recensé par les pêcheurs et les scientifiques. Aucun « médiabuzz » – employons ce terme générique mais néanmoins parlant – n'a cherché à faire une enquête sur le train de vie réel de la présidence de l'Assemblée lorsque j'ai occupé cette fonction pendant un peu plus d'un an. Personne pour regarder ce qui se faisait avant et après, puis comparer. Aucune question posée à mes prédécesseurs – qui s'en sont d'ailleurs tenus à un silence absolu. Personne pour évoquer une menace qui m'a été plusieurs fois rapportée, sur le mode : « Défendez de Rugy, et on s'intéresse à vous »... Les méthodes trotskistes adaptées à l'info 2.0.

Sur cela, vous n'avez pas lu une seule ligne : et pour cause, cela aurait obligé à reconnaître que photo (volée) de homards ou non, le budget de réception avait baissé sous ma présidence. Le travail d'information doit être moins payant que la recherche de la sensation.

Alors, je ferais la démonstration que non, il n'y a jamais eu de sèche-cheveux en or – mais que vaudraient mes preuves, mes dénégations, alors que tant d'articles qui relaient cette accusation sont toujours en ligne, y compris sur des sites de journaux dits « sérieux ». Je pourrais sans difficulté établir qu'il n'y a jamais eu non plus de travaux d'agrément réalisés à l'hôtel de Lassay sous ma présidence. Certes, comme l'avait « révélé » un journal parisien dans un article qui ne concourra jamais au Pulitzer tant il contient d'approximations et de rumeurs malveillantes, un bureau était bien devenu une chambre. Ou plutôt redevenu : il l'avait été par le passé, puisqu'il était dans le périmètre de l'appartement de fonction. Ce changement de destination de la pièce tenait à un contexte facilement vérifiable : depuis des années, aucun président de l'Assemblée n'avait eu un cabinet aussi peu nombreux (donc nécessitant aussi peu de bureaux) et, depuis de nombreuses années, aucun président de l'Assemblée n'avait de jeunes enfants. Et il est facile à vérifier que cette transformation d'usage de la pièce n'avait pas engendré de travaux de réaménagement. Ces chambres, ce sont mes enfants, alors âgés de 5 et 13 ans, qui y dormaient lorsqu'il m'arrivait de devoir, parfois précipitamment, aller présider une séance de nuit... Il ne viendrait à l'idée de personne de décréter que les présidents de l'Assemblée nationale ou les ministres ne doivent pas avoir d'enfants. Probablement aurais-je dû finalement exposer ma vie familiale lorsque j'étais en fonction ? Je ne l'ai pas fait, et cela s'est retourné ensuite contre moi.

Alors, je ferais la démonstration que, quelques minutes avant le fameux dîner de la Saint-Valentin, j'étais bien « en séance » (mon agenda faisait apparaître trois types de « séances » : les séances H dans l'hémicycle, les séances I dans une instance de l'Assemblée : conférence des présidents, bureau, et les séances B – c'est-à-dire au bureau). J'y ai rencontré, mon agenda en faisait foi, une ministre du gouvernement.

Je prouverais ensuite, par A+B, que prendre un repas préparé par des personnels de l'Assemblée (qui sont, qu'ils assurent ou non la préparation du dîner, de toute façon, payés de la même manière) a été toujours moins coûteux pour les finances publiques qu'un repas au restaurant. Payé par mes soins, certes, mais il aurait nécessité la mobilisation des agents de sécurité, du chauffeur – qui auraient été défrayés pour pouvoir eux-mêmes se sustenter pendant leur mission. Je pourrais aussi expliquer que, cherchant à partager un moment privilégié à deux, on peut légitimement préférer prendre un repas dans un petit salon de l'hôtel de Lassay plutôt que de devoir, voituré et sous la protection de l'officier de sécurité, se rendre dans un restaurant où on doit saluer, de table en table, ceux qui vous reconnaissent – drôle de conception de l'intimité.

Oui, comme tous les avocats qui défendent une cause qu'ils savent difficile tant l'opinion accable leur client, j'irais dans tous les détails. Ce serait pénible : tous ces détails sont passablement inintéressants. Jetés comme autant de pelletées de terre, ils ont plus sûrement marqué les gens par leur accumulation que par leur nature. C'était d'ailleurs la stratégie de mes accusateurs : le tapis de bombes (ou plutôt de boules puantes) plutôt que la frappe chirurgicale. Peu importe aux yeux de ces nouveaux procureurs médiatiques que la vérité y ait été, au passage, elle aussi déchiquetée.

Poursuivant cette défense « pied à pied », je ferais la démonstration qu'en choisissant de ne pas « baser » à Nantes en permanence une voiture officielle et un chauffeur, mais de les faire descendre et remonter au gré de mes deux allers-retours par mois en TGV – question de gestion du temps, j'utilisais le train –, en réalité, l'Assemblée faisait une économie. Que, sinon, un chauffeur et une voiture auraient été bloqués en circonscription, sans utilité, plus de trois-quarts du temps. Payés à ne rien faire. Ou à faire autre chose que ce pour quoi ils sont payés, sur fonds publics.

Je pourrais plaider – c'est vérifiable pour qui veut faire de l'information plutôt que du scandale – que j'avais proposé que l'on utilise à Nantes mon véhicule personnel et que je le conduise. Mais mon officier de sécurité m'a indiqué qu'il ne pouvait assurer ma sécurité si je conduisais moi-même : « Une personne vous reconnaît, brise la vitre, des éclats de verre vous atteignent au visage et mes supérieurs me diront à juste titre que je n'ai pas accompli ma mission. » J'ai bien tenté un jour de l'embarquer sur mon scooter mais, là, mon cabinet m'a rappelé l'épisode de Frédéric Mitterrand qui, arrivé en conseil des ministres le bras en écharpe, s'était fait tancé par le président Sarkozy : « Quand on est ministre, on ne circule pas à scooter. » Pour les mêmes raisons de sécurité, on m'avait même interdit le vélo (un crève-cœur pour moi !). J'avoue avoir loué un Vélib en cachette un jour des vacances de Noël 2018 au petit matin pour le plaisir d'être le nez au vent. Mais que pèse tout cela face à la fable du plaisir de circuler en limousine officielle ?

Alors, je ferais la démonstration qu'à aucun moment, lors de travaux d'aménagement d'un logement de fonction, au ministère, je n'ai eu à choisir les prestataires, à trancher entre des devis : c'est la responsabilité, et c'est bien normal, des services administratifs. J'aurais produit la première demande que nous avions faite, qui a conduit à l'édification d'un placard renommé « dressing » par la presse. Son coût, justifié par une intervention dans un immeuble classé datant du XVIII^e^ siècle, évoquait effectivement, pour qui n'est pas au fait des contraintes des bâtiments de ce type, un aménagement d'un luxe et d'une ampleur insolents. Mais la demande initiale, formulée peu après notre installation, portait sur « des armoires genre IKEA ». Tous ces documents, toutes ces preuves de ma bonne foi, je les ai donnés, y compris aux « médiabuzzeurs ». Ils ont été évidemment emportés par la vague.

Je n'aurais pas à faire la démonstration de la malveillance totale derrière l'attaque concernant le logement que j'occupais, moins d'un week-end sur deux, à Orvault, dans la banlieue nantaise, où j'accueillais mes enfants après ma séparation avec leur mère. *Ouest-France* a depuis longtemps établi que tout était parfaitement régulier dans cette location. Il ne s'agissait en rien d'un logement HLM, pas plus d'un « logement à caractère social » – une catégorie qui ne figure dans aucune rubrique de la classification officielle des logements (pourtant très bien pourvue en catégories et sous-catégories administratives ou fiscales) dans notre pays. Je pourrais arguer que parmi les documents éparpillés lors du vrai-faux cambriolage de mon logement se trouvait justement mon dossier de location qui, quelques semaines plus tard, s'est retrouvé sur le web...

Mais là aussi, malgré les articles de *Ouest-France* et du *Parisien* – qui ne m'a pourtant pas épargné par ailleurs –, la vague médiatique a balayé les faits. Et, encore aujourd'hui, des gens croient sans doute de bonne foi que j'ai utilisé indûment un logement social pendant plusieurs années, car des dizaines d'articles qui le prétendent sont toujours en ligne et en accès libre sur Internet.

Pour établir la véracité de mes déclarations fiscales, et notamment le fait que j'ai bien payé sur mes propres deniers mes cotisations au parti des Verts, je produirais les relevés que j'ai déjà fournis à de nombreux journalistes – *Le Canard enchaîné* et *Capital* m'ont déjà rendu justice sur ces accusations. Des chèques bien tirés sur le compte professionnel, mais des dépenses remboursées au-delà même de la somme proprement dite, depuis mon compte personnel. Du reste, si la situation avait été contestable ou douteuse, qui imagine qu'aucune association de défense de l'éthique, qu'aucun parquet financier n'aurait trouvé matière à engager quelque poursuite ?

Une fois tout cela exposé, réexpliqué, remis en perspective, je pourrais espérer que le lecteur, ébranlé dans ses certitudes initiales par les éléments concrets et factuels de défense, émoustillé par les anecdotes racontées, indigné ou amusé sur commande, m'accorde une forme d'absolution.

Et j'aurais fait ce livre, qu'on attend de moi.

Si c'est ce livre-là que vous vous attendez à parcourir, autant briser dès maintenant le malentendu. Restez-en à ces lignes et refermez l'ouvrage.

Bien entendu, je ne peux prétendre prendre la parole sans évoquer ce qui m'est arrivé, les erreurs que j'ai commises, par inattention, par aveuglement parfois, par manque de rigueur trop souvent. Les leçons que j'en ai tiré. Sur moi-même – j'en parlerai avec parcimonie, car je n'ai pas pour réputation d'être un grand expansif –, sur la vie politique en général, sur l'importance que la politique peut prendre dans une vie, sur le fonctionnement politico-médiatique du débat public.

Mais pas plus que cet été 2019 ne résume les vingt ans d'engagement politique qui l'ont précédé, les traces des attaques, parfois des calomnies ne conditionnent ma pensée ou ce à quoi j'aspire aujourd'hui.

Je sais l'ampleur de la tâche : rappeler à ceux qui veulent bien encore l'entendre qu'il y a en moi quelqu'un d'autre que ce type qui sourit béatement sur une photo à un dîner, que l'homme qui se retrouve, deux ans plus tard, enfariné dans la rue, aux cris rageurs de « Rends les homards ».

Mais faire partager une expérience du pouvoir, une vision de l'écologie, mettre en garde contre des dangers, identifier des défis : c'est tout cela que je veux mettre en mots.

Sans céder aux constructions marketing censées offrir la visibilité.

En tentant de conserver un recul que le temps écoulé – loin des unes de l'actualité mais aussi éloigné du cœur du pouvoir – s'est chargé de m'offrir, sans que je l'aie décidé.

En ne cherchant ni à émouvoir, ni à provoquer l'apitoiement, ni à susciter l'indignation, ni à ricaner d'autrui.

En cherchant à convaincre, parce que c'est le moteur de mon engagement en politique, depuis plus de vingt ans. Parce que je crois encore que la raison peut l'emporter dans la durée sur l'émotion de l'instant. Parce que je crois encore que l'argumentation par le poids des mots peut l'emporter, avec le recul, sur la manipulation par le choc des photos.

En démissionnant du ministère de l'Écologie, j'avais prononcé cette phrase : « Une vie d'engagements ne se résume pas à quelques images. »

Dans une série d'émissions qu'il a consacrée à la radio aux démissions de ministres, un éminent politologue en avait presque ricané, dans la veine d'un « pauvre François de Rugy ! Il sait bien que ce qu'il dit là est l'exact contraire de la réalité. Que les images emportent tout. Qu'elles l'ont emporté ».

J'ai écouté la leçon. J'en connais la part de vérité. Mais doit-on se contenter des leçons assénées depuis le magistère des sachants, de ceux qui, selon les jours, se vantent de faire l'opinion ou de savoir en percevoir les ressorts et les attentes ?

L'expérience montre qu'il est prudent de se méfier des donneurs de leçons. Qu'ils s'appellent, comme dans cet exemple, Olivier Duhamel. Ou, dans un autre style, Edwy Pleynel.

# Raconter

# La tempête

Pour quelqu'un qui, comme moi, rechigne à partager ses sentiments ou ses sensations intimes, et encore plus à les écrire, il est difficile de décrire ce qui, à l'été 2019, a profondément bouleversé ma vie. J'écris « ma vie » volontairement, car, dans « vie politique », il y a « vie ». On l'oublie trop souvent. Un tel changement, d'une telle brutalité, dans ce qu'on a construit politiquement depuis plus de vingt ans, c'est d'abord un bouleversement dans la vie. Un bouleversement dont on ne peut percevoir immédiatement toutes les conséquences mais dont on pressent qu'elles seront majeures. Avec le temps, on mesure l'ampleur des dégâts. Avec le temps, on prend aussi du recul, et certains effets s'estompent au point de pouvoir rebondir.

J'étais ministre de l'Écologie – ou, plutôt, « ministre de la Transition écologique et solidaire », selon une terminologie voulue par mon prédécesseur, Nicolas Hulot. Il avait convaincu le Président et le Premier ministre de succomber à une plaie de notre époque : la novlangue. J'avoue avoir toujours été exaspéré par cette injonction à employer des termes incompréhensibles par le plus grand nombre : « inclusif », « participatif », « écoconditionné », « résilient »... Cette mauvaise habitude, qui contribue à éloigner les citoyens de la politique, a gagné jusqu'à la vie politique locale, en tout cas dans beaucoup de villes, où les titres des délégations des adjoints au maire rivalisent de cette terminologie aussi ronflante que déconnectée des réalités et de ce qu'attendent les citoyens. Mon sentiment est que, en voulant dire beaucoup à la fois pour satisfaire tout le monde, on finit par ne plus rien dire à personne. Bref, je préférais dire « ministre de l'Écologie ». Aujourd'hui encore, quand je dis à un interlocuteur, « j'étais ministre de l'Écologie », je vois bien que tout le monde me comprend.

Mon quotidien constituait à se lever tôt et se coucher tard, sans avoir beaucoup de temps à consacrer à la réflexion ou à la méditation – encore moins à vérifier en amont ce qu'il pourrait y avoir dans mon assiette ou à classer mes papiers personnels, et je mesurerai plus tard ce qu'il m'en a coûté.

J'enchaînais réunions, décisions, déplacements, interviews, discours devant des parterres d'élus, de représentants associatifs ou socio-économiques, rencontres avec les parlementaires, questions au gouvernement, séances publiques ou réunions de commission au Parlement quand un texte émanant de mon ministère était à l'ordre du jour.

Je menais des négociations âpres. Avec mes collègues du gouvernement qui défendaient chacun, et c'est bien normal, les points de vue de leurs ministères respectifs ou ceux des secteurs dont ils avaient la charge. Avec des représentants d'intérêts, si décriés en France et représentés généralement sous le terme devenu péjoratif de « lobbies », alors qu'ils ne sont que l'expression organisée de la « société civile » que l'on ne cesse par ailleurs de parer de toutes les vertus quand on la désigne sous le vocable d'ONG – encore la novlangue !

Je menais aussi, mais c'est moins connu car très peu médiatisé, des négociations avec mes homologues européens. De nombreuses décisions qui relèvent de l'écologie se prennent en effet à l'échelle de l'Union, et – c'est aussi moins connu, tant le *French bashing* est devenu chez nous une sorte de spécialité nationale – la France est reconnue, tant sur la scène internationale que dans les institutions de l'Union européenne, comme leader sur la question de l'écologie. Un jour où je me rendais à un Conseil des ministres européens de l'environnement au Luxembourg, mon cabinet avait inscrit à mon agenda « petit déjeuner avec les pays ambitieux ». Je demande au diplomate qui m'accompagne de quoi il s'agit et s'il est important que j'y sois. Il me répond alors : « Oui, c'est important, c'est la France, le porte-parole des pays ambitieux. » D'ailleurs, à cette rencontre, mes homologues ministres espagnol et italien me disent qu'ils sont prêts à suivre la position ambitieuse si c'est la France qui la présente et la défend. Contre l'Allemagne que les médias français continuent à présenter comme plus vertueuse que la France en matière d'écologie...

À Paris, je naviguais entre mon bureau du ministère, boulevard Saint-Germain, l'Assemblée nationale, le Sénat, Matignon et l'Élysée – où se déroulait chaque semaine le Conseil des ministres, mais où, surtout, se tenaient les fameuses « réunions d'arbitrage » qui venaient conclure les négociations entre ministères.

J'étais ministre d'État et numéro deux du gouvernement, une position protocolaire censée signifier que, même le symbole Hulot parti, l'écologie demeurait au premier rang des préoccupations. C'était aussi un élément qui m'avait été avancé pour garantir que, en intégrant le gouvernement, même si je ne porterais plus dans les discussions le point de vue des députés comme je le faisais quand j'étais président de l'Assemblée nationale, je continuerais de participer à un certain nombre de réunions destinées à définir la ligne politique de la majorité.

Un autre, dans la même position institutionnelle, aurait probablement été qualifié sans hésitation de « poids lourd ». Tout autant que ma physionomie, mon parcours politique ne me portait pas naturellement à endosser ce genre de qualificatif. L'origine de mon engagement auprès du président de la République ne faisait pas de moi un des fameux « marcheurs de la première heure », même si je l'ai rejoint assez tôt dans la campagne présidentielle, le même jour que François Bayrou – sans que nous nous soyons concertés – qui n'a jamais été considéré comme un rallié tardif. Et bien avant Édouard Philippe, Bruno Le Maire ou Gérald Darmanin qui se sont ralliés à la majorité après le deuxième tour de l'élection présidentielle, une fois Emmanuel Macron élu.

Mon engagement ancien pour l'écologie me distinguait d'un certain nombre de mes collègues. Je n'étais pas issu des deux grands partis qui avaient longtemps dominé la vie politique française – le PS et l'UMP –, et dont anciens militants et ex-responsables en rupture de ban constituent l'essentiel de l'aile « politique » d'En Marche !. Mon tempérament personnel porté sur une certaine réserve, ma difficulté aussi, probablement, à concevoir la politique « en bande » ne facilitaient pas les choses. Pour tout dire, tous ces éléments ne m'ont jamais conduit à remplir pleinement ce rôle de « poids lourd de la Macronie ». Je restais, aux yeux de beaucoup, en moi-même aussi peut-être, bien qu'au cœur du réacteur, un électron libre.

Hors Paris, j'enchaînais également les déplacements « sur le terrain ». L'expression est un brin excessif, car, pour un ministre, cela ressemble malheureusement le plus souvent à des visites menées au pas de charge. Entre moments officiels et inaugurations ou signatures de contrats déjà négociés, on tente néanmoins tant bien que mal d'établir des échanges avec les acteurs locaux pour pouvoir « mesurer » l'efficacité des décisions prises ou les difficultés à résoudre. Mais les organisateurs de ces « VO » (voyages officiels) laissent peu de place, pour ne pas dire aucune, aux rencontres directes avec les citoyens, car ils ont une peur bleue des incidents. Le président Sarkozy ayant viré un préfet à la suite d'un déplacement avec une manifestation qui avait entaché les images de sa visite, l'extrême prudence régnait chez les préfets. Quand ils ne nous dissuadaient pas purement et simplement de nous déplacer...

Souvent tôt dans la journée – pour les fameuses « matinales » radio, qui enregistrent les plus forts taux d'audience d'information, ou tard le soir (car les émissions de débat sont rarement fixées en début de soirée), mais aussi le dimanche, pour les « hebdos politiques », au format plus long donc plus propice aux explications, j'enchaînais les plateaux télé et les studios radio. Vouloir faire de la pédagogie pour l'écologie est prenant et usant tant on se sent seul, au sein du gouvernement parfois, mais aussi et surtout face à un cartel Vert où associations et parti EELV passent leur temps à lancer des polémiques, des accusations de recul, de trahison et de reniement – le même vocable que l'extrême gauche vis-à-vis de la gauche de gouvernement... Et le cadre du « débat » médiatique est totalement fixé par ce que disent les associations, les journalistes relayant bien souvent, par complaisance ou facilité, les prises de position associatives.

J'étais amené à défendre la politique gouvernementale, l'action de mon ministère, parfois sans avoir d'ailleurs eu le temps de bien réfléchir au message que je voulais transmettre. Je me faisais probablement trop souvent ballotter par des questions de mes interlocuteurs sur des sujets annexes, découverts quelques minutes plus tôt, en route vers les studios...

Dans le dernier briefing avec mes collaborateurs, je voyais la pile de fiches grossir de semaine en semaine : « On ne sait jamais, ils vous parleront peut-être de ce sujet. » Nous étions aussi obligés d'examiner les tendances émergentes sur les réseaux sociaux, qui finissent souvent en sujets de débats médiatiques. Une telle pratique – sans compter la fatigue – génère des questions peu travaillées et des réponses qu'on cherche à maîtriser : une expression maladroite ou une réponse trop spontanée, et vous devenez l'auteur involontaire l'une de ces petites phrases qui créent la polémique pendant une journée, en alimentant (sans l'avoir voulu ni mesuré sur le moment) la « machine médiatique ». De quoi occuper du temps d'antenne à défaut d'informer sur votre action ou sur vos propositions. Au risque de succomber aux deux écueils des polémiques nées sur les réseaux sociaux : l'éphémère et le symbolique – pour ne pas dire l'anecdotique. Au jeu de l'esquive, pour éviter les pièges qui ont fait tant de mal à certains de mes collègues, je n'étais pas le plus mauvais. Au bras de fer avec l'intervieweur, pour le forcer à revenir au message initial, celui qui justifiait ma participation à l'émission, je n'étais pas le meilleur.

Cette présence sur les écrans et sur les ondes se traduisait en une notoriété toute relative dans les sondages d'opinion (40 % environ des sondés disaient ne pas avoir d'opinion sur moi ou ne pas me connaître).

En termes de popularité, j'évoluais au milieu du « classement des 50 personnalités » établi par l'IFOP, et au baromètre de la détestation, plutôt dans le dernier tiers – ce que mes proches trouvaient positif.

Un communicant m'avait un jour fait le portrait suivant : « Trop peu de coups de gueule pour être très visible. Trop peu d'aspérités pour être rejeté. Votre objectif doit être de sortir de l'indifférence polie que vous suscitez dans l'opinion. »

J'y suis parvenu, en l'espace de six jours. À mon corps défendant.

Le corps, justement, parlons-en : quand se produit un événement imprévu et lourd de conséquences, on tente généralement de l'intellectualiser, d'en chercher les causes, d'en analyser les conséquences. J'y reviendrai plus loin.

Mais on ne dit pas – probablement par pudeur – ce qu'on ressent réellement, la sensation physique de la violence du choc, les nausées qu'on ravale, le poids sur le thorax qui confine par moments à la suffocation.

C'est pourtant je crois par cela qu'il faut commencer, car ces sensations intimes, qu'on tente de réprimer et de cacher sous une apparence de calme et de maîtrise de soi, influent, quoi qu'on en dise ou quoi qu'on accepte d'en reconnaître, sur une bonne part de la réaction qu'on donne à voir et des choix que l'on fait.

Si je cherche à le décrire le plus fidèlement possible, le déferlement médiatique qui a précédé ma démission du gouvernement prend la forme de vagues reçues en pleine face, alors que l'on croyait être parti faire des longueurs comme on en a fait des dizaines de fois.

Beaucoup, j'imagine, ont cette expérience de la vague qu'on voit se former, dont on sous-estime l'amplitude et la force, qui vous frappe de plein fouet, vous déstabilise au point de perdre pied, vous fait boire la tasse, longuement, vous laisse tout juste le temps d'émerger la tête des flots, de retrouver un semblant d'équilibre, de reprendre une bouffée d'air frais, avant qu'une autre vague, que vous n'avez pas anticipée celle-là, vous submerge de nouveau, et que ne déferlent une série de rouleaux qui vous font perdre jusqu'à l'équilibre.

Les rares mains qui se tendent ne suffisent pas à vous permettre de vous tenir hors des flots, et, comme dans les baïnes de la côte Atlantique, le courant semble vous arracher à la perspective de la terre.

Même abasourdi par la force des éléments, votre première réaction est de tenter de résister, de lutter contre la force du courant. Vous luttez de toutes vos forces, mais vous vous épuisez, les vagues étant toujours plus fortes. Lorsque je pêchais sur la côte nord d'Ouessant, il m'est arrivé d'observer des vagues venir s'écraser sur un rocher, et je m'étais dit que si un jour je tombais à l'eau, il ne servirait à rien de chercher refuge sur l'un de ces rochers. Une vague plus forte ou plus sournoise que les autres finirait toujours par m'emporter. Ce n'est pas pour rien si on parle de vague médiatique...

Alors, de vieux principes vous reviennent en mémoire – ceux de la communication de crise ont beaucoup à voir avec ceux des sauveteurs en mer –, et quelques proches, ceux qui ont réussi à garder un peu de recul sur les événements, vous le rappellent : à un moment, il faut savoir lâcher prise.

Se résoudre à se laisser emporter par le courant, sans savoir si ce sera vers le large ou vers un abri, en espérant que le mouvement des flots, naturellement, vous rejettera sur la grève, vidé de toutes forces mais en vie.

J'ai lâché prise, j'ai été emporté, et je me suis retrouvé sur le sable, comme échoué. La mer, quelques instants plus tôt déchaînée, semblait calme à nouveau. J'y suis retourné, et j'y ai retrempé le pied.

# L'écologie, une affaire de famille

Je suis venu en politique par l'écologie. Ou, plus justement : c'est l'écologie qui m'a amené à l'engagement politique.

Je connais peu de gens qui, envisageant une « carrière » politique, ont « choisi » dès leurs débuts une des nuances d'étiquette verte. Quand j'étais lycéen puis étudiant à Sciences Po et que je me suis engagé en politique au début des années 1990, les jeunes qui voulaient percer en politique allaient au PS, parfois en passant par une de ses succursales – le MJS (Mouvement des jeunes socialistes qualifié par François Hollande d'école du vice !), le syndicat étudiant UNEF et même, pour les plus habiles, la MNEF (la Mutuelle nationale des étudiants de France). Et souvent, la plupart de ceux qui ont fait le choix de l'écologie ont rejoint très rapidement un parti traditionnel ou se sont reconvertis dans une autre activité que la politique élective.

J'en connais d'autres – plus nombreux – qui, à un moment où leur ascension politique semblait marquer le pas – qu'ils se soient retrouvés « bloqués » par d'autres dans leur famille politique, ou que l'ensemble de cette famille se soit quasiment effondrée –, ou quand ils ont constaté la montée des préoccupations environnementales dans l'opinion, ont décidé de prendre un virage écologiste, au point d'en faire leur étiquette. La plupart venaient des autres partis de gauche et surtout de nombreuses chapelles d'extrême gauche qui avaient prospéré – plus en nombre qu'en poids politique – après Mai 68. Un vieux militant des Verts assez lucide m'avait dit que ceux qui les avaient rejoints dans les années 1990 étaient souvent ceux qui avaient raté « le train de la victoire de la gauche en 1981 »...

Je ne suis ni des premiers – puisque j'ai été adhérent et élu sous l'étiquette d'un parti écologiste sans discontinuer pendant près de vingt ans –, ni des seconds – puisque j'ai quitté le parti des Verts en 2015, fondé un parti écologiste à l'activité éphémère et rejoint En Marche ! en 2017.

Je n'en reste pas moins, dans mon for intérieur, et même si je ne me reconnais plus dans les positions que revendique la majorité de ceux qui se qualifient ainsi, un écologiste.

Moins parce que je l'aurais choisi en pesant un « pour » et un « contre » que parce que c'est, tout simplement, mon histoire, celle de convictions que j'ai forgées dans des expériences aussi politiques que personnelles.

Du fait de mon nom (mon patronyme complet, à l'état-civil, indique « Goullet de Rugy »), beaucoup de gens s'imaginent que je suis né avec une cuillère en argent dans la bouche, que j'ai grandi dans un château et fréquenté ensuite des écoles privées dans lesquelles on organise des rallyes pour que se rencontrent entre eux les fils et filles « de bonnes familles ». Il a fallu que je me présente aux élections pour que je prenne pleinement conscience que la simple prononciation de mon nom évoque tout cela. Auparavant, je n'avais absolument pas conscience de ces réactions et, disons-le, de ces fantasmes. Parce que je suis fils d'enseignants, mon père étant par ailleurs orphelin de père à deux ans et ma mère étant fille d'instituteur. J'ai très logiquement fait toute ma scolarité à l'école publique : j'avais même dans ma chambre un autocollant bleu blanc rouge où il était écrit « la seule école libre, c'est l'école laïque » – qui datait de l'époque où la « guerre scolaire » faisait rage et où, au passage, la gauche défendait encore la laïcité en utilisant les couleurs de notre drapeau national...

J'ai donc eu une enfance typique de la classe moyenne. En revanche, si particularité il y a, c'est que mes parents nous ont ouvert dès notre plus jeune âge à l'écologie alors que c'était vraiment l'affaire de quelques pionniers à l'époque. Ils nous emmenaient dans des manifestations antinucléaires – contre le projet de centrale nucléaire au Pellerin entre Nantes et Saint-Nazaire. Mon frère raconte qu'un jour il s'y était perdu et qu'il y avait eu un appel au micro : « Le petit Manuel attend son papa, qui est barbu et a un ciré jaune » : la moitié des hommes présents sur le site correspondaient à la description !

Adhérents des Amis de la Terre, association alors présidée par Brice Lalonde qui revendiquait d'être autant dans l'action que la protestation, mes parents participaient à des actions très concrètes : cela allait de la commande groupée de produits bio ou de sucre roux directement sur le port de Nantes – et donnait lieu à un cours sur les inconvénients du raffinage du sucre – jusqu'à la collecte de vieux papiers pour alimenter des filières balbutiantes de recyclage – là aussi, nous étions devenus incollables sur la consommation d'eau comparée entre la fabrication de papier à partir de la pâte à bois et le papier recyclé.

À la fin des années 1970, mes parents avaient même participé à la rédaction d'un *Guide écologique de Nantes* bourré d'astuces et de conseils pratiques. Les enfants que nous étions avaient été mis à contribution : nous avions été réquisitionnés pour y coller le plan des transports en commun avant que les guides soient livrés chez les marchands de journaux de Nantes et des environs. Des occupations à mille lieues des rallyes de la jeunesse aristocratique !

Mais ce qui m'a peut-être le plus marqué dans mon enfance et ce qui a sans doute forgé une conviction écologique très forte, c'est la marée noire de l'*Olympic Bravery*, pétrolier supertanker qui s'était échoué sur les côtes de l'île d'Ouessant le 24 janvier 1976.

Pétrolier de 343 mètres de long, commandé aux Chantiers de l'Atlantique à Saint-Nazaire par l'armateur grec Onassis, pouvant transporter 280 000 tonnes de pétrole, l'*Olympic Bravery* a eu des problèmes techniques dès sa construction. À peine parti de Saint-Nazaire, il doit faire une escale technique pour réparations à Brest. Il prend la mer pour aller être « stocké » en Norvège comme des dizaines d'autres pétroliers inutilisés – le choc pétrolier de 1973 frappe de plein fouet les armateurs et les oblige à désarmer de nombreux pétroliers en attendant des jours meilleurs. Il subit une avarie moteur alors qu'il s'apprête à contourner l'île d'Ouessant, à la pointe de la Bretagne. À l'époque, les routes maritimes sont très proches des côtes et l'État ne dispose pas de moyens de remorquages de haute mer pour des navires de cette taille. L'*Olympic Bravery* dérive rapidement vers Ouessant et vient s'éventrer sur les rochers : il naviguait heureusement à vide (« à lège » disent les marins), mais les 800 tonnes du fioul lourd qui alimentait ses moteurs se répandent immédiatement sur la côte nord d'Ouessant, souillant notamment la plage de Yusin, la plage de mon enfance.

Je n'ai alors que trois ans. Mais je me souviens très précisément des images des rochers et de la plage recouverts de ce produit noir particulièrement odorant et visqueux. J'ai encore en mémoire l'image de cet immense pétrolier – un marin ouessantin qui avait navigué sur de tels pétroliers m'a raconté plus tard qu'il avait un vélo pour aller d'un bout à l'autre du navire ! Ce bateau donnait l'impression de s'être littéralement posé sur la côte, ce qui paraissait absurde à l'enfant que j'étais. La coque s'est rapidement cassée en deux, la partie arrière coulant, ce qui était encore plus impressionnant.

Je revois comme si c'était hier ces bénévoles et ces militaires ramassant le pétrole avec des pelles et des seaux, remontant ces déchets lourds et collants jusqu'en haut de la plage pour les brûler dans des fours installés là la hâte afin d'éliminer tout ce qui était ramassé, sur place et de façon très rudimentaire.

Pendant des années, cette odeur d'hydrocarbures est restée prégnante sur cette plage. Nos serviettes étaient toujours tachées de noir, et les enfants ne pouvaient pas creuser le sable avec leur pelle et leur seau sans tomber sur des résidus.

Je compris bien plus tard toutes les implications politiques de cet événement qui venait perturber mon environnement de vacances – mon père a acheté une petite maison à Ouessant en 1965 et je continue à m'y rendre tous les ans, en été comme en hiver.

C'est à Ouessant qu'est née pour moi une vocation jamais concrétisée, celle de devenir capitaine de bateau. Même si j'ai suivi une autre voie, l'amour de la mer est resté – l'envie de tenir la barre aussi, mais sous d'autres formes !

Et lorsque j'ai eu à gérer en tant que ministre, en octobre 2018, une mini-marée noire partie du nord du cap Corse pour aller souiller quelques plages du Var, notamment les magnifiques criques de Porquerolles, je n'ai pu m'empêcher de repenser à l'enfant que j'étais sur la plage de Yusin. J'ai pu aussi mesurer les progrès réalisés dans la prévention et la lutte contre les pollutions marines.

Du côté de ma mère, mes grands-parents, des Lorrains dont les familles ont été ballottées entre la France et l'Allemagne au gré des guerres de 1870, 1914-1918 ou 1939-1945, étaient plus tournés vers la terre que vers la mer. Mon grand-père maternel était un ancien instituteur à la retraite – quand j'ai lu Pagnol, j'avais l'impression de le reconnaître dans la description des hussards noirs de la République ! Fils de mineur de charbon de Lorraine, il avait, en plus de sa passion pour la transmission des savoirs, l'amour du jardinage. Il me l'a transmis dès mon plus jeune âge, lors de vacances passées dans leur maison située sur les coteaux de Moselle, à quelques kilomètres de Metz. Il me parlait déjà d'un voisin qui traitait tellement ses quelques rangs de vigne que le cœur de ses pommes récoltées juste à côté était parfois translucide. Et en même temps, il utilisait lui-même des produits pour se prémunir contre la cloque du pêcher ou le mildiou qui ravage les tomates. Nourri au discours de la raison et du progrès scientifique lors de sa formation à ce qu'on appelait à l'époque « l'école normale », électeur socialiste de toujours, il me transmettait, comme à ses élèves, et son savoir-faire de jardinier et ses valeurs progressistes.

J'y ai souvent repensé quand j'ai eu à prendre des décisions sur les produits chimiques utilisés en agriculture, le glyphosate et autres néonicotinoïdes : comme en toute chose, les réalités ne sont ni noires ni blanches, elles sont toujours complexes et nuancées, ce qui n'empêche nullement le changement, bien au contraire.

Cette enfance marquée par l'éducation transmise par mes parents et les rapports assez étroits que j'ai toujours entretenus avec mes grands-parents ou avec des voisins à Ouessant qui avaient l'âge d'être mes grands-parents, cette enfance a fort logiquement forgé ma personnalité et mes convictions. Spontanément, en politique, dans la vie publique, je n'aime guère parler de ma vie privée, de mon enfance, de mes parents ou de mes grands-parents. Je me suis rendu compte ses dernières années que cela se retournait contre moi : à la fois parce que cela permet à certains, de Ruffin à Mediapart, de m'attaquer sur mon nom et parce que cela permet à d'autres (ou aux mêmes !) de mettre en cause mes convictions sur l'écologie en essayant de me dépeindre en opportuniste sans rien savoir, sans rien chercher à connaître des racines intimes de ces convictions.

À cet éveil à la nature dès le plus jeune âge, s'ajoutait une tendance permanente à adopter des comportements de sobriété. Un temps, mon père et ma mère avaient décidé de travailler à temps partiel pour s'occuper tous deux de ma sœur, mon frère et moi – un souci d'égalité femme-homme et une volonté de partage des tâches rares pour l'époque.

Deux salaires de prof – *a fortiori* à temps partiel ! – suffisaient tout juste à assumer le remboursement d'un appartement où loger trois enfants et à assurer l'entretien de la petite maison familiale sur l'île d'Ouessant. Maison dans laquelle nous passions une grande partie de nos vacances, ou que mes parents prêtaient (ils se sont toujours refusés à la louer) à leurs frères et sœurs, à des amis – jusqu'à une « collègue » allemande avec laquelle ma mère faisait des échanges pour ses élèves du lycée Clemenceau de Nantes.

À l'image de cette classe moyenne qui a « fait » les années 1960 à 1980, nous vivions bien. Mais nous vivions « juste », et cette sobriété était partout. Elle inspirait nos modes de déplacement, le vélo étant le premier moyen de transport familial au quotidien – à l'époque de la « voiture reine », mes parents n'ont pas eu de voiture pendant plusieurs années... Cette sobriété dictait nos modes de consommation, avec des vêtements choisis pour qu'ils durent ou hérités de cousins plus âgés... Je me souviens d'une paire de chaussettes aux couleurs jaune et verte du Football Club de Nantes, qui n'avait pas été achetée à la boutique du club mais tricotée par ma grand-mère : autant dire qu'il m'arrivait d'avoir un peu honte dans la cour de l'école...

J'ai hérité de ce sens de la sobriété. Il peut aisément me faire passer pour radin ou pour un maniaque du tri et du recyclage – sans compter l'adage parental selon lequel « ça peut toujours servir » qui conduit à garder beaucoup trop de choses... Autant dire que le portrait de jouisseur ou, pire, de profiteur se vautrant dans le luxe qu'on a voulu faire de moi m'a pris totalement au dépourvu tellement il est éloigné de ce que je suis depuis l'enfance.

Cette obsession de la sobriété est en moi, elle m'a forgé. Et face aux défis générés par le productivisme économique qui a dominé la pensée politique ou tout simplement la société du gaspillage qui a dominé la société de consommation pendant plusieurs décennies, ce souci de la sobriété conduisait assez naturellement à motiver mon intérêt pour l'écologie.

Et puis il y avait la méfiance, profondément ancrée, développée par ma mère envers tout ce qui pouvait être qualifié de « chimique » ou de « pas naturel ». Je ne saurais dire pourquoi : était-ce le fait d'avoir entendu les récits de sa grand-mère sur les souffrances d'un mari qu'elle n'a pas connu et qui est revenu gazé des tranchées de la Première Guerre mondiale ?

Est-ce une réaction de post-soixante-huitards envers les grands groupes de la chimie ? Nous avons été baignés par les discussions autour des dégâts du lindane ou la catastrophe de Bhopal en Inde.

Était-ce l'influence du mouvement prônant le « retour à la terre » et les « solutions naturelles », qui, des hippies aux mobilisations de consommateurs contre « les colorants », a irrigué les années 1970 et 1980, notamment chez les enseignants ?

Toujours est-il que j'ai été élevé dans une famille où les produits Dr. Oetker, parce que jugés trop chimiques, étaient bannis de la cuisine familiale. La lecture des ingrédients des produits transformés était systématique dans les rayons des magasins avant même de les acheter... Je dois dire que j'ai gardé ce réflexe ! La germanophilie de ma mère s'arrêtait aux produits chimiques de Bayer et autres grandes entreprises allemandes de la chimie !

Mon engagement pour l'écologie fut d'abord associatif. Élève en classe de seconde au lycée Gabriel-Guist'hau de Nantes, alors que la préoccupation de mes camarades de classe est plutôt de courir les soirées, je décide d'adhérer à l'association nantaise de défense de l'environnement.

Cette association était née dans les années 1970 pour lutter contre un projet d'autoroute urbaine qui aurait défiguré les rives de l'Erdre – la plus belle rivière de France selon François I^er^. S'il s'était réalisé, le projet aurait conduit à aménager un gigantesque échangeur autoroutier au pied du château des ducs de Bretagne. On ne remerciera jamais assez les citoyens qui se sont mis en mouvement pour contester ce projet (dont mes parents à leur arrivée à Nantes en 1970) et Alain Chénard, maire socialiste de Nantes élu en 1977, d'avoir stoppé cette folie avant qu'il ne soit trop tard.

Quand j'y adhère, cette association milite pour une écologie urbaine concrète, notamment pour des aménagements urbains plus favorables aux transports en commun, au vélo ou aux piétons, pour le tri et le recyclage des déchets – à l'époque tout part encore dans une gigantesque décharge sur la commune de Saint-Herblain, voisine de Nantes. Plus largement, sur toutes les questions relatives à cette expression injustement tombée en désuétude, alors qu'elle avait un sens compréhensible par tous : la qualité de vie.

Je me retrouve ensuite cofondateur de la première association de cyclistes urbains de Nantes, d'abord appelée « Cheviré cyclable » (du nom du pont de Cheviré inauguré en 1990 et qui ne prévoyait rien pour la circulation des vélos) renommée ensuite « Place au vélo ». Reprenant une pratique paternelle, je me déplace beaucoup à vélo à Nantes et suis assez logiquement motivé pour qu'il y ait enfin des aménagements en faveur des vélos dans la ville, d'autant plus que, alors que je suis encore collégien, je suis victime d'un accident avec un automobiliste.

Je repenserai à mes premiers pas de militant associatif pour la pratique du vélo en ville quand, nommé ministre depuis quelques semaines, je me rends à Angers avec le Premier ministre Édouard Philippe pour présenter le premier plan vélo que l'État a décidé de mettre en œuvre : vingt-huit ans plus tard, là aussi, je mesure le chemin parcouru pour ses thématiques écologiques longtemps ignorées ou raillées. Je me souviens de Dominique Voynet, ministre de l'Environnement entre 1997 et 2001, qui refusait d'être photographiée à vélo par peur de se voir cataloguée « écolo, vélo, rigolo »...

Ce parcours associatif m'a convaincu d'une chose : pour mener à bien des avancées, passer par la case « politique » est incontournable. Militant associatif, je mesure que l'on bute très vite sur des décisions politiques : les améliorations ne peuvent pas uniquement venir des comportements individuels ou des mobilisations citoyennes, il leur faut des relais parmi les décideurs – les élus –, et aussi la machine administrative qui met en œuvre l'action publique et conçoit les solutions techniques.

C'est pour cela que je décide d'adhérer à un parti politique écologiste au moment même où j'obtiens le bac. Adhérer à un mouvement politique m'est apparu comme le prolongement logique de l'engagement associatif, et choisir un mouvement écologiste comme une évidence. Je choisis Génération Écologie plutôt que Les Verts car la démarche de Brice Lalonde me paraît – déjà ! – plus pragmatique que celle très dogmatique d'Antoine Waechter et dénué de gauchisme contrairement aux discours de Dominique Voynet ou Alain Lipietz.

C'est aussi après le bac que je suis « monté à Paris », comme on le disait alors, après avoir passé le concours de Sciences Po. Cette fois, il ne s'agit pas de suivre un exemple familial – il n'y avait aucune dynastie à prolonger.

# Le virus de la politique

Cette volonté de faire Sciences Po répondait d'abord au désir d'étudier les sciences politiques. Je découvris, une fois admis, qu'il y avait en fait très peu d'étudiants qui suivaient cette voie au sein de l'IEP de Paris (Institut d'études politiques) : beaucoup se préparaient aux concours administratifs, à commencer par l'ENA, le plus prestigieux d'entre eux, d'autres prenaient Sciences Po pour une école de commerce ou encore une école de journalisme. Je ne suivis aucune de ces voies et j'ai fait partie des quelques dizaines d'étudiants (sur quelques milliers) qui ont réellement suivi des cours de sciences politiques.

Je n'utilise pas Sciences Po comme tremplin à une future carrière politique. Nous sommes en 1991 et il n'y a point de mouvement écologiste à Sciences Po ces années-là... Je fréquente un peu les clubs Convaincre qui regroupent des « rocardiens » – à l'époque à gauche, Michel Rocard est un des rares dirigeants de haut niveau du Parti socialiste à s'intéresser à l'écologie. Je ne suis guère attiré par les syndicats étudiants quand je vois les bagarres entre l'UNEF et l'UNEF-ID (pour indépendante et démocratique – comprendre plus proche du Parti socialiste que du Parti communiste français...). Je suis même carrément refroidi quand je vois l'UNEF (censée être plus à gauche) défendre des frais d'inscription égaux pour tous les étudiants alors qu'il y avait à Sciences Po un ingénieux système tenant compte de la situation familiale de chaque étudiant, ce qui profitait aux étudiants de familles aux revenus plus modestes. Quand on était, comme moi, fils d'enseignants, à Sciences Po, on était considéré comme modeste – ce qui en dit long sur le fait que la majorité des étudiants était issue de familles nettement plus aisées. Eh bien, l'UNEF défendait en fait les intérêts des étudiants les plus aisés – au nom de l'égalité, bien sûr ! Leçon que je n'ai jamais oubliée sur le grand écart entre les grands principes affichés par certains syndicats « de gauche » et leurs positions démagogiquement corporatistes...

Si j'ai gardé des amitiés de ma période estudiantine, je ne peux pas dire que je m'y sois intégré dans un réseau, encore moins dans une bande. D'abord, parce qu'il y a à mon avis beaucoup de fantasmes à ce sujet (l'effet de corps est beaucoup plus prononcé à l'ENA car les promotions y sont beaucoup plus petites). Ensuite, parce que je n'ai pas l'esprit de bande.

J'étais probablement perçu par beaucoup de mes camarades d'études comme un solitaire. Je m'en suis rendu compte beaucoup plus tard, mais je crois qu'il y a aussi une explication quasi physiologique à cela : il se trouve que je n'entends que d'une oreille. C'est une malformation congénitale qui ne peut pas être corrigée ou appareillée. Pendant longtemps, j'ai fait comme si cela ne changeait rien. Et, d'ailleurs, cela ne m'a nullement empêché – et heureusement – d'exercer une activité et des fonctions qui reposent sur la parole et l'échange avec les autres. Cela ne fait que quelques années que j'assume cette particularité comme un handicap – car c'en est un, même s'il reste léger. Très concrètement, cela m'a toujours amené à privilégier les discussions en face à face aux grandes tablées. Je goûtais peu au brouhaha des soirées étudiantes, et je fuyais les assemblées générales dans lesquelles sont nées tant de carrières politiques, se sont scellées des alliances durables, se sont nouées tant de rivalités.

Si, comme on le dit souvent, « la politique est avant tout une aventure collective », mon tempérament ne me poussait pas à y plonger. Si on considère qu'il faut aussi, et peut-être surtout, une grande volonté individuelle, alors ce handicap devenait presque, et sans que je m'en rende compte, un « atout » dans la mesure où il m'obligeait à m'accrocher pour réussir à m'insérer dans un groupe, quel qu'il soit.

La politique, j'en ai d'abord tâté par le militantisme de base : j'ai distribué quelques tracts pour la réélection de François Mitterrand et collé quelques affiches avec mon père pour l'élection de Jean-Marc Ayrault à la mairie de Nantes en 1989. Et c'est surtout, une fois engagé à Génération Écologie à partir de 1991, que j'ai participé à de nombreuses campagnes électorales, notamment celle pour le Oui au référendum sur le traité de Maastricht – qui n'était ni plus ni moins que le référendum pour ou contre l'euro. L'engagement en faveur de la construction européenne est depuis le début au cœur de mon engagement politique.

Au tournant des années 1990, la question écologique progresse dans les préoccupations des citoyens comme dans l'agenda des politiques. La catastrophe de Tchernobyl est dans tous les esprits, et les avertissements des scientifiques sur le réchauffement climatique s'imposent dans le débat public. Le Sommet de la Terre, à Rio, en 1992, propulsera le sujet au premier rang des enjeux internationaux.

Dans la vie politique française, François Mitterrand, réélu pour un second mandat en 1988, choisit Brice Lalonde – qui avait été candidat écologiste à la présidentielle de 1981 – comme secrétaire d'État à l'Environnement. Il deviendra par la suite ministre délégué, avant de devenir ministre de plein exercice. Cette progression dans la hiérarchie gouvernementale ne doit rien au hasard : Mitterrand a compris l'importance de cette nouvelle composante du champ politique français. Au-delà de la part de calcul – et notamment de calcul électoral –, j'ai toujours pensé qu'il y avait aussi une conviction, de la part du chef de l'État. Bien sûr, le vieux routier de la politique a conscience que le PS peine à séduire une partie de l'électorat, en particulier parmi les jeunes, et il voit dans l'apport de Brice Lalonde l'opportunité d'accrocher à sa majorité des déçus de la gauche au pouvoir. Aux régionales de 1992, le total des voix obtenues par Génération Écologie de Brice Lalonde et par Les Verts n'atteint-il pas 15 % ? La performance démontre au passage que des scores aujourd'hui considérés comme « historiques » pour EELV ne sont en rien exceptionnels dans l'histoire de l'écologie politique française, mais que Les Verts semblent abonnés au yo-yo dans leurs résultats électoraux. Tout cependant n'est sans doute pas calcul, et la relation singulière que Mitterrand entretient avec la géographie, avec la nature – il a écrit, dès les années 1970, des pages magnifiques sur les arbres qui bordent la Charente, qu'il plante à Latche ou sur les paysages du Morvan qui fut sa terre d'élection. Cela témoigne à mon sens d'une part de vérité dans cette volonté d'intégrer pleinement la dimension environnementale dans les politiques publiques.

En rejoignant Génération Écologie, je concrétise ma conviction, déjà, que l'écologie, toute révolutionnaire qu'elle puisse être, n'a de sens que si elle s'inscrit dans le réel et que si elle propose des solutions pragmatiques dans l'exercice des responsabilités. Et Brice Lalonde, à ce moment-là, incarne tout cela face à des Verts très sectaires et dogmatiques. Par opposition aux Verts d'Antoine Waechter, le slogan de Génération Écologie était « Agir, pas gémir » : quand j'entends les porte-parole d'EELV, je me dis que c'est toujours valable aujourd'hui ! Et puis, le fait que Brice Lalonde ait répondu positivement à la politique d'ouverture de François Mitterrand n'est pas pour me déplaire car j'ai toujours beaucoup admiré celui qui restera à mes yeux comme l'un des deux plus grands présidents de la V^e^ République avec Charles de Gaulle.

Mes « années Sciences Po » seront donc à la fois marquées par un engagement dans mes études – je savais les sacrifices que représentait, pour mes parents, cette formation à Paris –, un militantisme politique classique et une participation très active aux mobilisations pour la paix en ex-Yougoslavie. Probablement la culture familiale héritée de l'expérience de la Lorraine, si longtemps objet des combats entre les ennemis héréditaires, la France et l'Allemagne, a-t-elle été un facteur d'une sensibilité particulière à la question des Balkans. J'ai été très marqué par le récit que mon grand-père et ma grand-mère maternels m'ont fait de la déportation : ils ont en effet passé plus deux ans dans un camp de travail dans ce qui est aujourd'hui la Tchéquie jusqu'à la fin de la Seconde Guerre mondiale après avoir été dénoncés par un habitant de leur village comme opposants politiques à l'occupation et à l'annexion de l'Alsace-Moselle par l'Allemagne. Ma mère, elle-même déportée à l'âge de deux ans et demi avec ses parents, en avait quelques souvenirs. Arrivé à Paris pour intégrer Sciences Po en septembre 1991, nous hébergeons, dans l'appartement que je partageais avec ma sœur, une étudiante venue d'ex-Yougoslavie et qui ne pouvait retourner dans son pays à cause de la guerre qui y faisait rage. Elle nous parlait de l'absurdité des nationalismes aux tentations d'épuration ethnique, elle qui était la fille d'un père croate et d'une mère monténégrine. Se dire que la guerre sévissait à nouveau au cœur de l'Europe m'avait beaucoup marqué et poussé à agir.

1995 marque pour moi une rupture : géographique, puisque, mon diplôme en poche, je retourne à Nantes, et politique, car je quitte Génération Écologie. Brice Lalonde a fait le choix de Jacques Chirac à la présidentielle. J'hésite entre la recherche d'un premier emploi et la poursuite de mes études – les études que j'ai suivies à Sciences Po ont la qualité d'être généralistes ; c'est aussi leur principal défaut quand on cherche un job.

Sur le plan politico-associatif, je fonde avec quelques amis une association, Écologie 44, qui se fixe comme ambition de rassembler en Loire-Atlantique les écologistes modérés de centre gauche, issus pour la plupart de Génération Écologie, mais aussi des Verts.

C'est que, à Nantes, aussi, un peu à l'image de François Mitterrand en 1988, le leader local de la gauche a perçu l'importance de l'environnement et a engagé un mouvement d'ouverture en direction des écologistes.

Comme chez le Président, il y a probablement dans la démarche de Jean-Marc Ayrault une part de calcul politique : observateur attentif et minutieux de la sociologie électorale et des mouvements de l'opinion, le futur Premier ministre de François Hollande sait qu'il lui faut élargir le camp de la gauche pour pouvoir espérer reconquérir la ville de Nantes, en 1989. Mais je crois qu'il y a aussi, chez Ayrault, une part de sincérité sur les questions écologiques : germanophone et germanophile – il a été professeur d'allemand, il est un parfait connaisseur de l'Allemagne et de sa vie politique, un pays dans lequel la question environnementale s'est invitée depuis plus longtemps dans le débat public. Il mesure les conséquences des pluies acides et de la pollution sur les paysages et sur la santé. En tant que maire de Saint-Herblain, une commune de l'agglomération nantaise dont il est maire depuis 1977, il a eu à gérer l'incendie d'une usine de produits chimiques qui aurait pu tourner en catastrophe industrielle majeure. Avant même d'être élu, il s'était mobilisé contre la construction d'une centrale nucléaire dans l'estuaire de la Loire.

Lorsqu'il s'était lancé à la reconquête de Nantes, pour les municipales de 1989, il avait proposé aux écologistes une alliance en bonne et due forme dans le but de constituer une majorité. Les Verts, par sectarisme pour les uns, par calcul pour les autres, qui espéraient « peser » plus dans une alliance de second tour, avaient décliné l'offre. Cette puissante stratégie s'était heurtée à un double échec : moins de 5 % au soir du premier tour, donc pas de représentation au conseil municipal, et pas de second tour, car Jean-Marc Ayrault avait été élu au premier...

Pour autant, l'écologie était bien présente dès cette première municipalité Ayrault, puisque, devant le refus des Verts, le candidat socialiste avait, avec le soutien de Brice Lalonde, convaincu des militants écologistes associatifs « historiques » de rejoindre son équipe. Et c'est ainsi que Jean-Claude Demaure, un scientifique, professeur d'Université reconnu, ancien président de Bretagne vivante/Société pour l'étude et la protection de la nature en Bretagne, était devenu, en 1989, adjoint au maire de Nantes chargé de l'environnement.

Quand je reviens à Nantes, Jean-Claude Demaure devient un de mes interlocuteurs réguliers. Parmi les personnes que j'ai croisées dans ma vie politique, il occupe une place particulière : même si nous avons parfois eu des divergences, j'ai toujours éprouvé un très grand respect pour son intégrité intellectuelle, sa volonté de toujours asseoir ses positions et son action sur la science et sa capacité à trouver des compromis afin de régler des problèmes qu'il prenait à bras le corps. Il s'attelle à deux énormes chantiers pour l'agglomération nantaise : le traitement de l'eau et celui des déchets. Nantes se targuait d'avoir un des prix de l'eau les moins chers de France, mais le revers de cette médaille était un sous-investissement chronique dans le traitement de l'eau – concernant l'approvisionnement en eau potable et l'épuration des eaux usées. Il savait que cela ne se « voyait » pas mais il n'acceptait pas que l'agglomération nantaise rejette 70 % de ses eaux usées dans la Loire sans les avoir traitées ! Il en était de même pour les déchets : tout partait à l'époque dans une gigantesque décharge qui était aux portes de Nantes ! Zéro tri, zéro recyclage et zéro valorisation. Le gaspillage dans toute sa « splendeur »... Je découvre en discutant avec Jean-Claude Demaure qu'il avait lui aussi participé aux collectes de vieux papiers organisées par les Amis de la Terre et auxquelles mes parents nous emmenaient dans les années 1970. Il me raconte même que mon père avait pour cela conduit un petit camion sans avoir le permis poids lourd : un comble pour des militants écologistes !

Jean-Claude Demaure doit développer des trésors de conviction et travailler non-stop sur les solutions techniques pour convaincre ses collègues de sortir de ces situations qui apparaissent aujourd'hui inacceptables mais qui, alors, convenaient à beaucoup d'élus, de droite comme de gauche. On se satisfaisait que cela ne coûte pas trop cher sans se poser la question des dégâts environnementaux. On regardait ailleurs. Finalement, Jean-Marc Ayrault tranche en faveur de la position défendue par son adjoint à l'environnement, et de lourds investissements sont engagés pour doter Nantes d'une vraie stratégie de traitement de l'eau et des déchets.

Et il n'opposait pas le public au privé pour résoudre ces problèmes. De fait, c'est un système de gestion mixte publique-privée qui fut mis en place à cette époque pour le plus grand bénéfice des Nantais et de leur environnement.

Je ne suis qu'un jeune militant, d'abord associatif puis militant, mais cet épisode est pour moi une leçon riche d'enseignements : poser les problèmes clairement, identifier les solutions, et ne pas croire que cela suffit à ce qu'elles se mettent en œuvre ! D'abord, il faut vouloir régler les problèmes au lieu de se contenter de les dénoncer, ensuite, il faut pour cela se mettre en situation d'exercer les responsabilités – sans rester tout seul dans son coin, que ce soit à titre personnel ou d'un point de vue politique.

Combien de fois ai-je vu les mêmes processus à l'œuvre lorsque j'étais ministre de l'Écologie ! Combien de fois ai-je vu les « écolos » croire à la pensée magique : il suffirait de dénoncer les problèmes et d'énoncer les solutions puis d'appuyer sur un bouton pour qu'elles se mettent en œuvre ! J'ai acquis la conviction dans cette expérience nantaise que la concrétisation d'une décision compte autant, sinon plus, que la prise de décision elle-même. Et j'ai eu l'occasion de vérifier cela quand j'ai été nommé ministre de l'Écologie par Emmanuel Macron : de nombreuses décisions avaient été annoncées mais, pour la plupart, rien n'avait été fait pour leur réalisation...

Sur un plan personnel, après mes études à Sciences Po, je vois que ces engagements prennent du temps, et ma recherche d'emploi en pâtit, d'autant plus que les effets de la crise de 1993 – encore une ! – se font encore sentir. J'enchaîne les petits boulots pour vivre – je deviens un « spécialiste » de la distribution de prospectus et autres petits journaux gratuits...

Je ne pourrai m'empêcher de sourire lorsque je verrai les gigantesques ratés de la distribution des professions de foi par la société Adrexo lors des élections régionales et départementales de juin 2021 : j'avais travaillé pour « l'ancêtre » de cette société et déjà ces problèmes se posaient... C'était bien avant Uber, mais le travail payé « à la tâche » existait déjà : difficile d'atteindre le SMIC horaire avec ces petits boulots, mais c'est une expérience et ce fut quand même un moyen de gagner un peu d'argent. De même que je fréquente aussi les agences de l'ANPE, qui ne s'appelle pas encore Pôle Emploi.

Au plus fort du mouvement, quand j'ai rencontré des Gilets jaunes, ils ou elles me disaient souvent : « De toute façon, vous, les politiques, vous ne savez pas ce que c'est le chômage. » Et ils étaient étonnés quand je leur racontais ces années de ma vie. Il est vrai que beaucoup d'élus sont fonctionnaires. Voie que je n'ai finalement pas voulu suivre, au grand désespoir maternel : ma mère aurait tant aimé que je passe le concours de l'ENA. Cela aurait été à ses yeux la suite logique de la promotion sociale d'une génération à l'autre : mineur de charbon en Lorraine pour son grand-père paternel, instituteur pour son père, professeur de lycée pour elle... Heureusement, ma sœur préserve la « tradition » familiale de l'enseignement et de la fonction publique !

C'est finalement une décision pour le moins inattendue de Jacques Chirac qui me tirera de ce mauvais pas professionnel et me fera reprendre le chemin de Paris.

# Profession, politique

En 1997, le président de la République décide, à la surprise générale, de dissoudre l'Assemblée nationale à peine plus d'un an avant le terme normal d'une législature qui avait commencé en 1993. Siégeait depuis quatre ans la majorité (en l'occurrence de droite) la plus large que la Ve République ait jamais connue. Déjouant les calculs de Jacques Chirac, que l'on dit inspiré par Dominique de Villepin, le peuple français lui renvoie une majorité de... gauche. Enfin, une gauche plurielle. Deux ans après avoir perdu l'élection présidentielle, les socialistes, conduits par Lionel Jospin, ont réussi à rassembler communistes, radicaux, chevènementistes et écologistes.

À l'Assemblée, ces trois dernières composantes sont représentées, mais aucune ne possède le nombre de députés nécessaire, fixé alors à 20, pour former un groupe parlementaire. Elles décident donc de s'allier dans un « groupe technique » qui leur permet de dépasser le nombre fatidique de députés ouvrant droit à du temps de parole dans les débats, une représentation renforcée dans les instances législatives et organisationnelles de l'Assemblée, et à des collaborateurs parlementaires supplémentaires pour accompagner les élus dans leur travail.

Parmi les députés écologistes, toutes et tous élus pour la première fois, il y a Noël Mamère. Le collaborateur de Noël Mamère qui me connaît depuis quelques années m'appelle en urgence : pas de téléphone mobile à l'époque, et c'est ma mère qui prend l'appel. Elle cherche à me joindre au plus vite – après avoir voté au deuxième tour des élections législatives, j'étais parti voir ma copine à Strasbourg ! Je rappelle le collaborateur de Noël Mamère qui me demande de me porter candidat au poste de secrétaire général adjoint de ce groupe parlementaire pluriel à lui tout seul. J'ai la formation adéquate, je n'ai pas d'attache familiale, élective ou professionnelle qui me retiendrait à Nantes : je prends le premier train pour Paris et rencontre les députés au restaurant de l'Assemblée – j'avais d'abord été refoulé car je n'avais pas de cravate ! J'y ai repensé quand, en 2017, j'ai modifié le règlement de l'Assemblée pour que le port du costume-cravate ne soit plus obligatoire dans l'hémicycle. Rassuré par mon parcours à la fois étudiant et militant, les nouveaux députés Verts décident de m'embaucher. Me voilà embarqué dans une nouvelle aventure parlementaire : je ne me doutais pas que je reviendrais dix ans plus tard comme député. J'avais bien été candidat écologiste à ces élections législatives de 1997, mais je n'avais recueilli que 3,8 % des suffrages. Il faut dire que le score moyen des Verts n'était pas très élevé et que le député de la circonscription où je m'étais présenté n'était autre que Jean-Marc Ayrault. Il avait réuni plus de 45 % des suffrages dès le premier tour. J'avais pu être candidat car aucune des personnalités vertes locales d'alors n'avait eu envie d'aller s'y frotter... Dénoncer l'hégémonie du Parti socialiste, oui, aller porter la parole verte là où un des éléphants du PS est élu sans discontinuer depuis plus de dix ans, et il n'y a plus grand monde...

Je découvre l'Assemblée nationale, ses rites, ses méthodes de travail, son ambiance... Et je m'y sens bien. C'est à cette époque que naît chez moi un respect et une forme d'amour pour le travail parlementaire, qui ne m'ont jamais quitté. J'enchaîne les notes techniques, les argumentaires politiques, le suivi des commissions et des débats dans l'hémicycle. J'observe les élus au travail, je découvre la capacité d'un Noël Mamère à calibrer les déclarations sollicitées par le journaliste qui l'interroge en fonction du temps dont il disposera pour son sujet (« vous voulez combien, trente secondes, une minute, une minute trente ? »), j'admire la capacité d'un Alain Tourret à allier dans son propos analyses juridiques, perspectives historiques et faits d'actualité.

Je fais la connaissance de Michel Crépeau, député et maire de La Rochelle, figure des Radicaux de gauche dont il a été le candidat à l'élection présidentielle en 1981. Président du groupe Radical, Citoyen, Vert, qu'il avait qualifié de « rose, vert, gris » ce qui avait créé un incident diplomatique avec les députés chevènementistes, il m'accueille avec beaucoup de gentillesse. Vieux briscard de la politique, ayant énormément de choses à raconter, il fait preuve de beaucoup d'humanité. Passionné par les questions de justice – il était avocat de métier – comme par sa ville de La Rochelle, pionnier de l'écologie urbaine, il aimait partager son expérience avec les trois collaborateurs du groupe (dont j'étais) et son collaborateur parisien qui n'était autre que Jean-Vincent Placé. Bon vivant, il nous propose de faire le point sur les affaires du groupe tous les lundis soir autour d'un apéritif dans son bureau. Le rendez-vous donne lieu le plus souvent à des récits de son histoire politique entremêlée avec plus de trois décennies de l'histoire politique de la France. Son rire sonore fait trembler les murs de ce rez-de-chaussée d'une aile de l'Assemblée. Un jour, il nous raconte même l'anecdote selon laquelle quand il a été nommé ministre (de l'Environnement !) dans le premier gouvernement Mauroy, il ne disposait pas de logement de fonction, contrairement aux autres ministres plus importants : il nous dira avoir dû menacer le directeur de cabinet du Premier ministre de convoquer la presse pour montrer aux journalistes qu'il installait un lit de camp dans son bureau afin d'obtenir un appartement de fonction qui lui permette de se loger à Paris, lui, l'élu de La Rochelle. Un peu plus de vingt ans plus tard, je repenserai à cette anecdote lorsqu'on me reprochera d'utiliser l'appartement de fonction, que ce soit l'hôtel de Lassay en tant que président de l'Assemblée nationale ou l'appartement de fonction du ministère de l'Écologie. La presse citera en exemple des ministres qui se vantent de ne pas utiliser leur appartement de fonction parce qu'ils disposent déjà à titre personnel d'un appartement à Paris – élu de Nantes comme Michel Crépeau était élu de La Rochelle, cela n'a jamais été mon cas.

La rencontre avec Michel Crépeau m'a beaucoup marqué parce qu'il représentait cette espèce d'homme politique doté de solides convictions – je repense souvent à ce qu'il disait sur la Justice et ses dysfonctionnements –, mais toujours soucieux de modération et de réalisme. Je découvre aussi avec nos discussions cette synthèse rare entre une vraie préoccupation écologique et une approche rationnelle fondée sur la science et le progrès technologique. On peut sans doute dire qu'il a été le premier maire écologiste de France, même s'il n'en revendiquait évidemment pas le titre. Lui qui avait été le premier à piétonniser un centre-ville ou à créer un service de vélos en libre-service – les fameux vélos jaunes de La Rochelle –, il aurait sans doute souri en voyant que les maires Verts préfèrent aujourd'hui s'attaquer au Tour de France, aux sapins de Noël ou aux rêves d'enfants qui veulent voir la Terre du ciel...

J'ai été très marqué par sa mort aussi brutale que symbolique – il s'effondre dans l'hémicycle après avoir posé une question au gouvernement. Politique ou pas, la vie est décidément fragile.

En 2017, alors que je suis président de l'Assemblée nationale, Alain Tourret, député du Calvados et son ami de toujours, ainsi qu'Olivier Falorni, son lointain successeur comme député de La Rochelle, me demandent si l'Assemblée pourrait lui rendre hommage à l'occasion de la date anniversaire des vingt ans de sa disparition. Nous tombons d'accord sur le fait d'apposer une plaque à son nom et à sa mémoire dans l'hémicycle, comme c'est la tradition pour les députés qui soit sont morts pour la France, soit ont marqué l'histoire de l'Assemblée. Ce projet sera malheureusement abandonné par mon successeur. En tant que ministre, je lui rends hommage au nom du gouvernement, lors d'une séance de questions au gouvernement en mai 2019. J'ai un souvenir ému de ce qu'il m'a appris lorsque j'étais un collaborateur parlementaire.

Parmi les collaborateurs parlementaires de Michel Crépeau, il y avait donc Jean-Vincent Placé qui l'avait connu au sein des Radicaux de gauche par l'entremise d'Alain Tourret, député du Calvados pour lequel il travaillait aussi. Très différents, tant par le parcours, les convictions ou le tempérament, nous nous lions d'amitié. Je découvre son humour, sa grande culture historique – il est le seul à m'avoir jamais intéressé aux batailles napoléoniennes –, sa grande humanité aussi. Plus tard, JVP, comme il se nomme lui-même, deviendra un camarade de parti, au sein des Verts. Je crois d'ailleurs ne pas être étranger à son adhésion aux Verts en 2001. Il me disait souvent qu'il ne comprenait pas le fonctionnement de ce parti et je lui répondais qu'il saurait sans aucun doute s'y adapter avec succès. Le tandem qu'il formera pendant de longues années avec Cécile Duflot en apportera la preuve au-delà de mes prédictions !

Il est aujourd'hui retiré de la politique. Il ne s'est pas représenté aux élections sénatoriales de 2017. Il a défrayé la chronique pour des comportements personnels qui lui ont valu des suites judiciaires. Dans le microcosme politico-journalistique, comme dans une partie de l'opinion, il est souvent considéré négativement, et je sais parfaitement qu'aucun conseiller en communication ne me recommanderait de me revendiquer comme son ami. Mais lorsque je pense à cette époque, et y compris si je veux être sincère sur qui je suis aujourd'hui, je ne me vois pas obérer cette rencontre ou cacher cette amitié qui a résisté à beaucoup de vicissitudes politiques au sein des Verts puis d'EELV, beaucoup de divergences aussi. Je n'ai pas assez d'amis pour pouvoir me permettre d'en renier sur injonction. Je pense même que ceux qui croient pouvoir le faire, en réalité, n'ont pas d'amis.

C'est aussi à ce moment-là, à la fin de l'année 1999, que je fais la connaissance de Barbara Pompili. Barbara fait alors un stage à l'Assemblée nationale auprès de Jean-Michel Marchand, député du Maine-et-Loire. Originaire du Pas-de-Calais – son grand-père était mineur de fond –, elle commence à s'intéresser à l'écologie avec cette idée qu'il faut absolument anticiper les crises, quand on sait qu'elles vont survenir. Très marquée par la fermeture des « Charbonnages de France », elle me raconte souvent que les politiques locaux, notamment de gauche, socialistes ou communistes, avaient préféré rivaliser de démagogie en promettant à leurs concitoyens électeurs qu'ils ne laisseraient jamais tomber la mine. Lorrain par ma mère, ayant arpenté à vélo le bassin sidérurgique de Moselle quand j'étais en vacances chez mes grands-parents maternels, je comprends de quoi elle parle. Nous nous lions d'amitié et nous parlons de son éventuel engagement politique : j'essaye de la convaincre d'adhérer. Mais elle me rétorque souvent : « Les Verts sauront-ils répondre aux problèmes des habitants d'une région comme la mienne ? » La question est toujours posée...

Barbara saute finalement le pas en espérant que le parti des Verts soit celui de l'anticipation des crises. Elle a ensuite travaillé au siège des Verts, puis pour la campagne présidentielle de Noël Mamère et pendant cinq ans comme collaboratrice d'Yves Cochet, député Vert de Paris. Nous nous retrouvons en 2007 quand je suis élu député – elle devient alors secrétaire générale adjointe du groupe parlementaire –, un peu comme je l'avais été dix ans plus tôt. En 2012, nous devenons ensemble coprésidents du premier groupe écologiste à l'Assemblée nationale. Nous sommes même surnommés « Ken et Barbie » par un de nos collègues Verts qui fait pourtant profession de foi de féminisme...

Barbara quitte EELV comme moi à l'automne 2015 et est nommée au gouvernement par François Hollande début 2016. En 2017, je la convaincs de soutenir Emmanuel Macron pour l'élection présidentielle : elle est même la première ministre du gouvernement Cazeneuve à le faire. Même si nous ne sommes pas toujours d'accord sur tout, je suis heureux qu'elle m'ait succédé au ministère de l'Écologie en juillet 2020. J'avais d'ailleurs déjà suggéré son nom au Premier ministre fin aout 2018 quand Nicolas Hulot a démissionné, mais c'est une autre histoire. Notre amitié a résisté aux aléas de la vie politique – et il faut bien dire que c'est rare !

Les élections européennes de 1999 sont un succès pour Les Verts avec un score de 10 %. Je faisais partie de ceux qui s'étaient battus pour que Daniel Cohn-Bendit en soit la tête de liste et j'étais affligé que Dominique Voynet, alors leader des Verts, fasse cette déclaration faussement humoristique : « Maintenant qu'il a fait campagne pour nous, on le renvoie à Francfort » (Dany vivait alors à Francfort avec sa femme et son fils). Dix ans plus tard, Dany reviendra avec un résultat plus fort encore de 16 % – inégalé jusqu'à maintenant –, et Cécile Duflot aura peu ou prou la même réaction que Dominique Voynet quand Dany proposera de refonder totalement Les Verts.

Avec d'autres nouveaux militants des Verts – la campagne de Dany Cohn-Bendit a attiré de nouveaux adhérents –, nous commençons à préparer les élections municipales de 2001. À Nantes, la liste Cohn-Bendit a rassemblé 15 % des suffrages. Cela donne des perspectives inédites d'ancrage pour le mouvement écologiste, notamment dans les villes.

Multipliant les allers-retours Paris-Nantes, je suis une des chevilles ouvrières de la préparation des élections municipales pour Les Verts à Nantes. Après un important travail programmatique, de longues discussions internes, des votes, des tentatives de sabotage de dernière minute – nous sommes chez Les Verts –, les adhérents choisissent à une large majorité de participer dès le premier tour à la liste conduite par Jean-Marc Ayrault, qui sollicite un troisième mandat. Bien que certains aient essayé de me barrer la route, considérant que j'étais encore trop jeune ou pas assez à gauche – pas assez écologiste, ils n'ont pas osé –, je suis désigné par les militants pour être le futur adjoint au maire de Nantes en charge des transports et vice-président chargé du Plan de Déplacements urbains de la communauté urbaine de Nantes – on n'utilisait pas encore la dénomination pompeuse de Nantes Métropole.

Mener de front le travail à Paris et la charge d'élu local à Nantes n'était à mes yeux pas possible en conservant le même rythme de travail à Paris : je choisis donc de réduire mon activité parisienne à un mi-temps. Je constaterai que je suis le seul collaborateur parlementaire à l'avoir fait, alors que de nombreux autres ont été aussi élus aux élections municipales. La première année de ce mandat municipal à Nantes, j'inaugurais un rythme d'allers-retours entre les deux villes, rythme que je retrouverai plusieurs années plus tard, en devenant député.

En 2002, la majorité plurielle, qui avait gagné cinq ans plus tôt la bataille législative grâce à la force de son rassemblement, s'était fracassée sur le mur du premier tour de la présidentielle sous la force de ses divisions. Les législatives qui suivirent la réélection de Jacques Chirac furent une victoire très large pour la droite et une défaite très nette pour la gauche. Quant aux Verts, incapables de saisir la main tendue du Parti socialiste qui propose le rassemblement de la gauche pour les législatives, ils ne font élire que trois candidats, justement ceux qui avaient bénéficié du soutien du PS au premier tour. Pourtant, Noël Mamère avait fait toute sa campagne dans une critique de plus en plus radicale de Lionel Jospin et d'un positionnement du PS qu'il trouvait trop modéré. Yves Cochet allait ensuite entamer une évolution vers une forme très poussée de décroissance. Quant à Martine Billard, elle se fait élire sur le quart interne aux Verts réservé à son courant, justement hostile à toute alliance avec le PS... Comprenne qui pourra ! Cela lui permettra de faire deux mandats de députée, le deuxième se finissant sous l'étiquette du Parti de gauche créé par Jean-Luc Mélenchon... Constat qui se vérifiera à de nombreuses reprises : les grandes déclarations radicales de la plupart des leaders Verts s'accommodent fort bien d'accords électoraux avec le partenaire socialiste par ailleurs dénoncé pour mollesse. Du moment que les accords sont profitables aux leaders en question...

J'ai été moi-même candidat à ces élections législatives, et mon résultat plafonne à 4,25 % : sauf à s'enfermer dans des comportements sectaires – dans lesquels les Verts se complaisent souvent –, il convient de s'interroger sur le bien-fondé de la stratégie dite d'autonomie, qui refuse tout accord électoral permettant d'être au deuxième tour d'une élection au scrutin majoritaire. Il convient surtout de s'interroger : comment gagner la confiance d'une majorité de citoyens ? Autant dire que, pour beaucoup de militants Verts, poser la question est déjà le début d'une trahison à la cause ! La culture protestataire et d'opposition minoritaire des Verts français est plus forte que tout. En discutant avec les nouveaux députés En Marche ! en 2017, je constaterai que nombreux sont ceux qui étaient passés par Les Verts et en étaient repartis à cause de cette culture avant tout contestataire et minoritaire.

# Élu local, à plein temps

Mon mandat municipal, je décide de l'exercer à plein temps, en renonçant à y adjoindre une activité professionnelle. Dans un pays où il est de bon ton de critiquer la « professionnalisation de la politique » – tout en se plaignant que les élus ne soient pas assez disponibles –, je sais ce que ce choix peut entraîner de critiques. Je sais aussi, pour l'avoir vu de l'intérieur, à quel point les élus de grandes villes qui gardent leur travail à côté de l'exercice de leur mandat ne peuvent assumer correctement ni l'un ni l'autre. Combien de fois ai-je vu des élus aller de réunion en réunion en survolant les dossiers ? Combien de fois ai-je vu des élus répéter les arguments préparés par les services de la mairie ou de la communauté urbaine sans y avoir travaillé une minute ? Des élus peu présents et peu investis dans leur mandat, c'est la certitude que l'Administration prenne le pouvoir...

Et il faut bien dire que, sauf à exercer une profession libérale ou à être fonctionnaire, il est très compliqué à un élu de trouver un travail qui soit compatible avec son mandat politique. C'est d'ailleurs la raison pour laquelle on trouve, en politique, au niveau local comme sur le plan national, tant de professions libérales ou de fonctionnaires. C'est pourquoi aussi il est important que les élus perçoivent une rémunération suffisante, afin d'être à l'abri des tentatives de corruption, mais aussi et surtout pour pouvoir consacrer le temps nécessaire à l'exercice de leur mandat. Exercer un mandat d'adjoint au maire et de vice-président d'une agglomération de plus de 600 000 habitants suppose de consacrer beaucoup de temps aux réunions avec les services, au contact avec les habitants, au travail sur les dossiers... Et tout cela est peu compatible avec l'exercice d'une activité professionnelle – hormis celles qu'on peut « piloter » à sa guise, donc encore une fois en libéral, ou avec une grande tolérance sur l'aménagement des horaires de travail, tolérance difficilement acceptable pour la plupart des entreprises privées.

On se pose souvent la question de comment permettre à tous les citoyens de s'engager dans un mandat. On devrait aussi se poser la question de comment des citoyens qui ont exercé plusieurs mandats peuvent à un moment donné se réinsérer dans une vie professionnelle dans le privé. C'est une réflexion que j'avais d'ailleurs lancée quand j'étais président de l'Assemblée nationale.

Pendant cinq ans, de 2002 à 2007, mon bureau était donc à la mairie de Nantes. L'expérience d'élu local est sans doute l'expérience politique la plus enrichissante et, disons-le, la plus satisfaisante. D'abord, parce que, me concernant, j'ai une passion pour Nantes, ce qu'elle est et ce qu'elle peut devenir. Ensuite, parce que l'action politique municipale est non seulement concrète mais visible. On discute en permanence avec les citoyens de ce que l'on peut faire pour la ville, et les citoyens peuvent voir tout au long du mandat les résultats concrets des choix faits. Les transformations d'une ville, c'est visible.

Pour moi, Nantes, ce n'est pas une longue tradition familiale, Nantes, c'est un choix. J'y suis né, mais mes parents n'en étaient pas originaires. Ce n'est qu'après leurs premières années de prof qu'ils avaient effectuées comme coopérants en Algérie – pays où ils se sont rencontrés et pour l'indépendance duquel ils avaient milité quand ils étaient étudiants – que mes parents ont littéralement atterri à Nantes en 1970, par le hasard des nominations de l'Éducation nationale.

Nantes, j'aurais pu en partir pour trouver un travail. Il est évident que, après mes études à Sciences Po, j'aurais plus facilement trouvé du travail à Paris ou autour. Quand je suis devenu collaborateur parlementaire, certains m'ont incité à « m'implanter » en région parisienne. Il y avait des opportunités pour Les Verts qui étaient peu représentés dans ces territoires et on me disait que ce serait ensuite plus simple pour m'impliquer dans la vie politique nationale, pour être présent dans les instances du parti. Tout cela était vrai, d'ailleurs. Mais je n'ai jamais envisagé d'être élu ailleurs qu'à Nantes car j'aime Nantes. C'est à Nantes que je me sens bien. Quels qu'aient été les aléas de ma vie personnelle ou politique, Nantes, je n'en suis jamais totalement parti et j'y suis toujours revenu. Quand je reviens de Paris, je me sens mieux quand le TGV commence à longer la Loire entre Angers et Nantes. Outre que le paysage du seul fleuve sauvage de notre pays est magnifique, je sens que Nantes se rapproche. Les rares fois où j'arrive à Nantes en avion, je ne me lasse pas d'observer la ville depuis le ciel ou d'admirer le lac de Grand-Lieu, là aussi un lac unique en son genre en France. Que ce soit par le hublot de l'avion ou la fenêtre du train, je ne peux m'empêcher de prendre des photos et de les partager ensuite sur les réseaux sociaux. Mon compte Instagram est rempli de vidéos de « La Loire vue du train » ! Je veux faire partager les charmes de notre belle ville de Nantes. Je me désole d'autant plus d'une certaine banalisation urbaine qui la saisit depuis quelques années – mais c'est une autre histoire.

Le mandat municipal dans lequel je me suis investi totalement entre 2001 et 2008 m'a permis de mettre en œuvre des idées, que pour certaines je défendais depuis mes premiers engagements associatifs à l'Association nantaise de défense de l'environnement et à Place au vélo. Certains ont considéré qu'à vingt-sept ans j'étais élu jeune, et c'est vrai par rapport à la moyenne d'âge des élus. Mais c'est parce que j'avais commencé à m'engager jeune : pour moi, c'était aussi l'aboutissement d'un engagement associatif et politique de dix ans, où j'avais déjà connu des échecs. Peut-être en disciple de François Mitterrand qui disait qu'« il faut donner du temps au temps », j'ai toujours pensé que la dimension du temps était importante en politique. J'ai toujours considéré qu'il n'y avait pas de raccourci en politique. Je dois dire qu'Emmanuel Macron a sérieusement ébranlé cette certitude en étant élu président de la République à trente-neuf ans alors même que sa candidature à l'élection présidentielle était sa première candidature à une élection !

Le mandat municipal est un mandat où l'on peut – où l'on doit – faire preuve d'ambition pour sa ville et en même temps faire preuve de beaucoup d'humilité dans la réalisation des projets. C'est tout sauf ce que j'appelle la pensée magique – cette idée très présente dans la mouvance écolo française selon laquelle il suffit d'énoncer une solution pour régler un problème. En gérant pendant sept ans les problèmes de transports, déplacements et circulation des vingt-quatre communes de l'agglomération nantaise, j'ai appris qu'il y avait un monde entre l'idée inscrite à un programme et sa réalisation concrète. Et, en même temps, il n'y a rien qui me passionne tant que de concrétiser la réalisation d'un projet, en un mot de faire. Avec les chaînes d'information en continu, Internet et les réseaux sociaux, la politique est de plus en plus le triomphe du « dire ». Je reste attaché au « faire ». C'est ce qui m'a motivé, peut-être à tort, quand j'ai finalement accepté d'être ministre de l'Écologie.

Et, avec le recul, je peux dire qu'il est possible de conduire des transformations importantes – Nantes en est la preuve –, mais que cela demande du temps et de la persévérance, et de la capacité d'adaptation. C'est ce que j'ai fait quand j'ai conduit la réalisation d'une ligne de transport en commun en site propre livrée en temps et en heure avant la fin du mandat, ce qui, avec tous les recours possibles, devient aujourd'hui une gageure. Nous avons inventé à Nantes le « busway », une ligne de bus avec exactement les mêmes qualités qu'un tramway. Nous avons aménagé quarante kilomètres de couloirs de bus – autant qu'à Paris pour une ville quatre fois moins peuplée ! Nous avons étendu le secteur piétonnier en mettant en place un système d'accès contrôlés en centre-ville, différencié selon les heures ou le type d'usager, permettant ainsi aux riverains ou aux professionnels de continuer à accéder au centre tout en le libérant de la circulation des voitures. Nous avons créé un « navibus » sur la Loire, dans un scepticisme généralisé. Alors que nous organisions une réunion avec les services de l'État, un fonctionnaire me dit : « Monsieur l'adjoint, il n'existe pas de réglementation pour une ligne de transport en commun régulière sur un fleuve.

– Ah, très bien, lui répondis-je du tac au tac, nous pouvons faire ce que nous voulons alors !

– Ah, mais pas du tout, il faut d'abord établir une réglementation.

– Et cela prendra combien de temps ?

– Sachant qu'il faut mettre d'accord le ministère des Transports et celui de l'Intérieur par rapport aux normes de sécurité, je dirais au moins deux ans. »

De l'apprentissage des difficultés d'innover en France...

Et quand, un jour, des embouteillages monstres paralysent Nantes à cause d'un chantier (qui n'avait rien à voir avec ma délégation), je monte au front pour tenter d'expliquer aux Nantais ce qui se passe et comment on va améliorer les choses. Mes collègues élus sont alors aux abonnés absents... Le vice-président de la communauté urbaine justement en charge de la voirie, maire chevronné d'une autre commune de l'agglomération nantaise depuis plus de six ans, me confiera quelques semaines plus tard qu'il était bien content que je me sois démené et avoir préféré rester planqué dans son bureau, selon ses propres termes... Une conception de la solidarité gouvernementale à l'échelle locale que je retrouverai bien des années après en tant que ministre au sein du gouvernement...

Au moment de la crise des Gilets jaunes, Brigitte Macron me demandera un jour : « Mais comment fais-tu pour rester calme dans ces débats avec des Gilets jaunes qui te prennent à partie et te traitent de tous les noms ? » Je lui ai tout simplement rappelé que, avec mon expérience d'élu municipal à Nantes, je connaissais cela... Combien ai-je fait de réunions où il a fallu faire preuve de patience et de sang-froid face à des habitants énervés par tel aménagement – « Vous êtes des bons à rien ! » –, tel projet d'aménagement – « Vous aurez des morts sur la conscience » –, ou même des graves problèmes de sécurité. Dès le début de mon mandat en 2001, j'ai dû organiser une réunion de quartier avec des habitants excédés par un nouvel incendie du centre socio-culturel. Les pompiers qui étaient intervenus s'étaient fait caillasser et l'un d'entre eux avait été gravement blessé. Des jeunes, présents à la réunion, contestaient que l'auteur des faits soit mis en cause et condamné par la justice lorsqu'il avait lui-même reconnu les faits. La maman de ce jeune était également présente. Prise à partie par d'autres habitants sur le thème « Si c'est comme ça, c'est parce que les parents ne font pas leur travail », elle finit par confier qu'elle avait tout essayé et qu'elle n'avait pas réussi à remettre son fils dans le droit chemin... Autant dire que les discours angéliques ou simplistes sur la sécurité, très peu pour moi.

Je n'exerce pas mon mandat local enfermé dans mon bureau à la mairie. Dans tous mes mandats, dans toutes mes fonctions, notamment une fois ministre, j'ai toujours gardé cette philosophie de l'action politique : aller se confronter directement aux réalités sans se dérober. Jean-Marc Ayrault, avec qui j'ai beaucoup appris lorsqu'il était maire de Nantes et que j'étais son adjoint, m'encourageait toujours à cela. Et lui qui avait été élu pour la première fois à vingt-six ans n'était pas du style à me reprocher ma jeunesse. Bien des années plus tard, c'est aussi une des choses que m'a toujours incité à faire le président Emmanuel Macron lorsque j'étais son ministre. Des salariés de la centrale à charbon de Saint-Avold que nous allions fermer aux élus et responsables agricoles anti-ours des Pyrénées en passant par les Gilets jaunes, je suis toujours allé au contact. Et certains me l'ont dit : « Vous, au moins, vous êtes venu nous le dire droit dans les yeux, vous nous avez expliqué ce que vous faites, vous nous avez écoutés. » Depuis mon mandat municipal à Nantes, je sais que ce n'est pas ce que retiendront les médias, mais ces paroles de citoyen sont pour moi l'une des plus belles reconnaissances en politique.

Loin d'enfermer dans des certitudes, l'exercice des responsabilités amène à développer sa capacité à douter, et est une grande école d'humilité.

Pendant cette période où je me consacre entièrement à mon mandat municipal, je tente également de m'investir dans la vie interne nationale du parti Les Verts. Je dois dire que cela a été un échec et j'ai vite compris que j'étais plus fait pour les responsabilités politiques d'élu que pour les batailles internes de parti. Même si les dirigeants changeaient en apparence – Les Verts n'aiment pas le leadership – et que les combinaisons de courants et de motions pouvaient être à géométrie variable, les congrès des Verts se suivaient et se ressemblaient : ils donnaient toujours la prime à la radicalité et à ceux qui prônaient l'isolement et le repli sur soi... Le pire fût celui de 2002 – il se déroulait à Nantes, en plus ! Les Verts choisissent de tourner le dos à la stratégie adoptée en 1997 et qui avait amené le mouvement à participer aux responsabilités gouvernementales, à avoir des députés, à réaliser un bon score aux élections européennes de 1999, à recruter de nombreux nouveaux adhérents et à s'ancrer dans les municipalités en 2001 avec de vraies responsabilités. Le tout étant couronné par le meilleur score jamais atteint à une élection présidentielle – 5,25 % en 2002, score jamais atteint depuis. Nous étions quelques jeunes responsables à souhaiter une écologie qui agit, et cela avait commencé à nous faire douter de la capacité des Verts à être un jour un authentique parti de gouvernement. Avec le recul, je le mesure aujourd'hui, nous surestimions la capacité qui serait la nôtre à peser pour éviter la dérive gauchiste qui a emporté à mes yeux le mouvement écologiste français.

À plusieurs reprises, à cette époque, des responsables socialistes nantais sont venus me proposer de rejoindre leur parti. Je n'ai jamais donné suite à ces propositions, car le PS me semblait déjà traversé par des fractures internes profondes. Incapable à l'époque de prendre pleinement en compte les enjeux écologiques, il se complaisait par ailleurs dans un double discours : plus à gauche que moi tu meurs lorsqu'il est dans l'opposition, notamment sur les questions économiques et sociales, mais aussi sur la sécurité et l'immigration, et beaucoup plus pragmatique lorsqu'il est aux responsabilités nationales ou locales.

# À quoi peut bien servir un député écolo ?

C'est donc en candidat écologiste que je me suis présenté aux législatives de 2007. Jean-Marc Ayrault, qui voyait dans cette stratégie une manière de cimenter l'alliance municipale, avait obtenu du Parti socialiste, dont il était le leader local incontesté, de ne pas présenter de candidat dans cette circonscription et de me soutenir. Un de ses proches était d'ailleurs mon suppléant. Il faut dire que beaucoup pensaient cette circonscription ingagnable, et c'est sans doute pour cela qu'ils m'avaient laissé y aller ! Nicolas Sarkozy venait d'être élu président de la République avec une majorité très nette. Le député sortant Jean-Pierre Le Ridant, RPR devenu UMP, semblait bien implanté : il avait été élu municipal, puis élu départemental depuis de nombreuses années – j'avais tenté d'être élu au département face à lui un an auparavant sans succès. Devenu député en 2002 après la réélection de Jacques Chirac, il semblait loin du mandat de trop. Dans une sorte de carte météo des législatives, *Ouest-France* avait mis un grand soleil sur sa réélection dans la première circonscription de Loire-Atlantique !

Les résultats du premier tour semblaient donner raison à toutes ces prévisions puisqu'il avait plus de sept points d'avance sur moi. Avec quelques militants écologistes et socialistes, nous jetons toutes nos forces dans la bataille pour le deuxième tour : aiguillonnés par les précieux conseils électoraux d'Éric Fallourd, que j'avais rencontré quelques années auparavant par l'entremise de Jean-Marc Ayrault, nous ciblons nos efforts sur les quartiers de la circonscription qui ont le plus voté pour... François Bayrou ! En effet, à l'élection présidentielle, celui-ci a récolté de nombreux suffrages sur nos terres de l'Ouest. Et nous pressentons que les électeurs du tout nouveau MoDem ne sont pas acquis à l'UMP. Le clivage droite-gauche craquait déjà de toutes parts... Nous confectionnons à la hâte un tract aux couleurs de l'Irlande, synthèse improbable entre la couleur orange du MoDem et le vert de l'écologiste que je suis ! Éric Fallourd qui est déjà un ami deviendra en 2009 non seulement mon collaborateur, mais un partenaire politique indispensable. J'ai pu mesurer à quel point nos discussions et ses conseils avisés m'ont manqué pendant la courte période, en 2018-2019, où nous nous sommes séparés professionnellement. Une amitié qui a résisté à la politique et au temps, c'est très précieux : cela a encore plus de valeur quand elle résiste à une fâcherie. Merci à lui.

Les premiers à être surpris de mon élection comme député sont Les Verts eux-mêmes : ayant refusé une alliance nationale avec le PS, ils sont laminés et il n'y a que quatre députés Verts à siéger au Palais-Bourbon. Les trois sortants avaient bénéficié d'une absence de concurrence socialiste sur leur circonscription. Je découvre même que je suis le seul des quatre à avoir affiché la couleur verte sur mes documents électoraux. Les trois autres, qui rivalisent pourtant de déclarations radicales anti-PS en dehors des élections, se sont fondus dans la masse des candidats de gauche soutenus par le PS...

J'ai beau connaître l'Assemblée, je suis assez fier d'y « revenir » en tant que député. Je mesure l'honneur qui m'a été fait par les électeurs de Nantes, Orvault et Sautron de m'avoir choisi pour les représenter. Lors de ma première question d'actualité, j'en aurai les jambes qui flageolent ! De ce premier mandat parlementaire passé dans l'opposition à Nicolas Sarkozy, je retiens le Grenelle de l'environnement (auquel Noël Mamère me reprochera de participer !) : c'était une initiative tout à fait intéressante, malheureusement interrompue par la crise de 2008 et par une stratégie de relance qui, à la différence de ce qui se produit aujourd'hui, ignorera totalement la question climatique.

Au début du mandat, Les Verts sont inexistants dans le débat politique national. Quand, à l'Assemblée, je tapais « Les Verts » dans le moteur de recherche de l'Agence France-Presse, je tombais sur les résultats du club de football de l'AS Saint-Étienne...

Avant les élections européennes de 2009, Daniel Cohn-Bendit propose de lancer Europe Écologie, une liste à la fois de rassemblement des écologistes et de large ouverture. La « base » verte est sceptique, voire hostile. Cécile Duflot, alors cheffe des Verts, n'en veut pas. Aux journées d'été des Verts de la fin août 2008, elle demande même aux organisateurs de réserver une petite salle à Dany pour présenter son initiative : cette manœuvre échouera lamentablement puisque les gens sont justement venus en nombre pour écouter Dany et discuter de sa proposition. C'est peu connu, mais c'est Jean-Vincent Placé, qui, flairant le bon coup politique, conseillera à Cécile Duflot de monter dans le train et de tenter de garder les commandes de la locomotive plutôt que de s'y opposer de façon sectaire, comme son premier réflexe le lui dictait...

L'excellent résultat – 16 % des suffrages exprimés –, inégalé depuis, laisse espérer l'émergence d'une nouvelle force politique, dépassant les vieux clivages. Ce fut d'ailleurs à mon sens un des premiers signes avant-coureurs (après le score de François Bayrou à la présidentielle de 2007) d'une aspiration des Français à la recomposition politique qui conduira en 2017 à l'accession d'Emmanuel Macron à l'Élysée. Mais l'aventure Europe Écologie ne sera qu'une parenthèse. Il y avait deux possibilités : soit Europe Écologie devenait un parti politique à part entière et Les Verts étaient placés devant leurs responsabilités de subsister en tant que groupuscule protestataire et sectaire ou de se fondre dans cette nouvelle organisation, soit l'initiative de Dany Cohn-Bendit et Les Verts fusionnaient dans un nouveau parti refondé. Dany Cohn-Bendit, qui est tout sauf un homme de parti, ne se voit sans doute pas créer une organisation politique. Les quelques personnes qui l'entourent, notamment Yannick Jadot tout droit arrivé de Greenpeace, non plus. Cécile Duflot perçoit l'opportunité de faire ce qu'elle appelle

« Les Verts plus ». Et ce qui devait arriver arrive : ce sont Les Verts qui absorbent Europe Écologie en modifiant leurs statuts à la marge. Cette fusion-acquisition, comme on dit dans le langage des affaires, se traduit par l'appellation juxtaposée Europe Écologie Les Verts... Cécile Duflot a gardé les commandes de la locomotive, et tant pis si cela doit se faire au prix de la perte rapide de plusieurs wagons : une bonne partie de ceux qui, avec Daniel Cohn-Bendit, avaient participé à l'aventure partiront, d'ailleurs, chacun à son rythme, chacun vers son propre horizon. Les Verts dont Cécile Duflot prétendait qu'ils allaient supplanter le Parti socialiste sont vite ramenés au statut de petit parti. En trois ans, les écologistes passent de 16 % aux européennes à 2,3 % à l'élection présidentielle...

En 2012, les Français décident de donner une dernière chance à l'alternance gauche-droite, en portant François Hollande à l'Élysée. EELV, qui a retenu la leçon des législatives précédentes, a conclu un accord avec les socialistes – qui, eux, ont tiré la leçon des présidentielles de 2002. Une majorité parlementaire est dessinée par le vote des Français aux législatives, pour soutenir le Président. On sait ce qu'il en adviendra : minés par les divisions et les frondes, le Parti socialiste et avec lui cette majorité finiront en lambeaux, au point que François Hollande renoncera à se représenter. La gauche aura en fait été incapable de redéfinir son corpus de pensée face à des phénomènes émergents : la persistance de la crise économique, la réalité politique chez nos partenaires européens, la menace terroriste, l'inadaptation de notre droit du travail aux nouvelles formes d'activité et à la concurrence, et... l'écologie. Le Parti socialiste et avec lui la gauche, y compris Les Verts, auront été incapables d'assumer une politique économique pourtant souvent juste, basée sur la nécessaire recherche de la compétitivité. Je me souviens de cette phrase de François Hollande à une de ses conférences de presse : « La France a, je m'excuse de le dire, un problème de coût du travail. » Il s'excuse de le dire. Tout est dit sur les impensés et les hypocrisies de la gauche qui nie ces problèmes quand elle est dans l'opposition et qui se retrouve en difficulté lorsqu'il faut les affronter une fois aux responsabilités.

Pendant cette période, j'ai coprésidé, avec Barbara Pompili, le premier groupe parlementaire écologiste de la V^e^ République. Les deux ministres écolos au gouvernement – Cécile Duflot et Pascal Canfin (aujourd'hui eurodéputé En Marche !) quittent brutalement le navire au bout de deux ans, laissant une action inachevée et un maigre bilan. C'était le prix à payer, pensait Cécile Duflot, pour maintenir l'unité des écologistes et préparer une candidature présidentielle pour 2017. D'une certaine manière, dès ce moment, cette histoire, que j'ai racontée dans un précédent livre, n'est plus la mienne, et un an plus tard, je quitte EELV. Le groupe parlementaire, devenu la chambre d'écho des divisions écolos et partagé entre deux factions quasiment irréductibles finira par exploser. Quand je repense à ce patient travail que j'avais entamé pour ma part en 1997, travail de construction d'une force politique que je pensais pouvoir devenir un parti de gouvernement, je me dis que c'est vraiment un immense gâchis pour l'écologie. L'histoire retiendra que Les Verts quittent le gouvernement quand on leur propose de prendre la tête d'un grand ministère de... l'Écologie !

Au Parlement comme dans la vie partisane, on n'exerce pas de responsabilité directe. Probablement perd-on en partie l'humilité ou la part de doute que l'exercice du pouvoir confère. Toujours est-il que je ne prétends pas avoir été une exception : pas moins que les autres, je n'ai échappé à l'excès dans certaines de mes positions politiques, au simplisme aussi, parfois. Quand il m'arrive de relire certaines déclarations d'alors, notamment sur les questions d'écologie, je ne peux m'empêcher de lever les yeux au ciel. D'autant plus que, contrairement à certains de mes collègues, je ne pratique pas l'effacement régulier de mes anciens tweets !

Le temps passé à gérer le groupe politique, à répondre aux médias, à travailler sur les textes de loi, à négocier avec les partenaires de la majorité a réduit le temps de la réflexion, de la lecture notamment. Ça peut paraître paradoxal, mais plus je parvenais à être considéré comme « une voix de l'écologie politique » dans le débat national, moins je consacrais de temps à penser réellement aux défis de l'écologie. J'apprenais sur les questions fiscales, sur les problématiques économiques, j'affinais ma pensée sur les problématiques institutionnelles, sur la question de la sécurité... mais mes réflexions sur les crises écologiques étaient de plus en plus figées dans une sorte de bréviaire, dans des solutions probablement déjà dépassées. Bien loin de contribuer à enrichir ma réflexion, l'appartenance à un mouvement qui se réclamait de l'écologie, et où l'adhésion à une doxa était un impératif pour être pleinement reconnu comme partie prenante de l'organisation, a, je ne l'ai mesuré que bien plus tard, asséché ma réflexion sur... l'écologie.

Pour « préserver l'unité du mouvement », dans l'espoir que cela permettrait, sur d'autres sujets, de créer des rapports de force utiles, j'ai soutenu des initiatives – par exemple sur la question des ondes électromagnétiques – qui n'avaient rien à voir avec l'écologie, et flirtaient avec le complotisme ou le déni scientifique. Il m'est arrivé de regarder ailleurs quand certains élus ou responsables des Verts entretenaient – par exemple sur la vaccination – des peurs irrationnelles.

J'étais venu à la politique par l'écologie, et, dans le débat politique, j'avais une place, celle de l'écologiste modéré, certains disaient centriste – ce que, pour ma part, je ne prenais pas pour une insulte. Cela pouvait même avoir une utilité pour Les Verts. Quand elle était la cheffe des Verts, Cécile Duflot m'appelait parfois à la rescousse lorsqu'elle était auditionnée par le gouvernement sur des sujets délicats. Je me souviens ainsi que lorsque Nicolas Sarkozy voulut créer une taxe carbone, il reçut Cécile Duflot à l'Élysée. Celle-ci m'appela en urgence : « Qu'est-ce qu'on raconte là-dessus ? » Elle n'avait même pas vu que j'avais justement rédigé une proposition de loi en 2009 sur ce sujet délicat et complexe... Je commence à lui expliquer qu'il y a plusieurs façons de mettre en œuvre la taxe carbone, que chaque option a ses avantages et ses inconvénients. Je sens que je perds son attention et elle me dit : « Fillon vient de déclarer que le taux serait de treize euros la tonne de carbone, je vais dire que je suis pour le double, comme ça je vais être entendue. Et si ça se trouve, ça va même plaire à Sarkozy qui veut emmerder Fillon. » Chacun son approche du sujet...

J'étais un des rares élus des Verts à me préoccuper des questions de sécurité et de défense. Membre de la commission de la défense – aucun député Vert ne voulait y aller ! –, j'avais même réussi à tisser quelques liens avec des hauts gradés de l'armée française. Mais je voyais bien qu'il fallait sans cesse faire des compromis entre une réflexion ouverte et sans tabous, une liberté de ton à laquelle j'étais attaché, le rappel des réalités économiques ou sécuritaires par exemple, et le risque d'être marginalisé au sein des Verts. Nous nous raccrochions à l'idée que, au moins, au sein des Verts, nous étions d'accord sur l'écologie. Or, dès que je reprenais le travail de réflexion sur le fond des enjeux écologiques et des solutions, je constatais que cette idée était fausse. Quand il m'est apparu qu'il était impossible de changer Les Verts de l'intérieur, quand j'ai pris conscience que, en me satisfaisant du rôle de vilain petit canard, je contribuais à entretenir le mythe d'un parti uni sur les questions écologistes, alors que le prêt-à-penser gauchiste y tuait toute capacité de réflexion et de remises en cause des dogmes Verts, j'ai pris la plume. J'ai commis un livre, dont le titre provocateur comportait, au regard des débats d'aujourd'hui de la primaire présidentielle des Verts, une part de prémonitoire (*Écologie ou gauchisme, il faut choisir !*), et j'ai quitté EELV.

# Pris au piège de la primaire

J'avais défendu l'existence d'une écologie autonome au sein du système politique, en grande partie pour contribuer à la prise de conscience de l'urgence climatique ou du défi de la biodiversité. Au début du XXIe siècle, cette conscience des défis écologiques s'est imposée, tant dans le débat politique que dans les esprits. Mais la vérité c'est que, bien plus probablement que les tribunes, les déclarations, les débats ou même les candidatures aux élections dans lesquels étaient engagés des écologistes, c'est la réalité qui a ouvert les yeux de beaucoup de responsables économiques, politiques ou de citoyens. Si la question du réchauffement climatique est sortie du cercle des scientifiques, des discours des écologistes pour s'imposer dans le débat public, c'est avant tout parce que tout le monde a pu progressivement toucher du doigt les premières conséquences du dérèglement du climat.

Et lorsque je relis aujourd'hui les 66 propositions que j'ai portées en 2017 lors de la « primaire de la gauche », je dois avouer que si je me reconnais toujours sur les propositions économiques, institutionnelles, sociétales ou sociales qui étaient les miennes, un certain nombre de propositions purement écolos me semblent obsolètes, ou marquées du sceau d'un prêt-à-penser déconnecté de la réalité et de l'ampleur des enjeux.

J'y reviendrai, mais d'abord, quelques mots sur cette primaire, dont certains me rappellent que je n'ai pas respecté l'engagement final de soutenir le candidat désigné, en l'occurrence le frondeur Benoît Hamon – qui, lui, a quitté le Parti socialiste qui l'avait soutenu à bout de bras pour cette présidentielle...

Je pourrais évidemment rappeler que, sur les cinq candidats, deux (un des finalistes et moi) n'ont pas soutenu le candidat désigné. Qu'un troisième, Arnaud Montebourg, a eu des mots plus qu'accablants sur Benoît Hamon et le projet qu'il portait, avant d'avouer quatre ans plus tard qu'il avait voté pour Jean-Luc Mélenchon... Que, sur les quatre socialistes à y avoir concouru, trois ont quitté depuis leur parti. Je pourrais citer un sondage ou plutôt une tentative de sondage (jamais menée à bien, car réunir un nombre de sondés jusqu'à constituer une cohorte de votants à la primaire en quantité suffisante pour résister aux exigences légitimes de la commission des sondages revenait trop cher à l'institut qui en avait eu l'idée) : les premières tendances, qui portaient sur quelques centaines de personnes, indiquaient que plus d'un participant sur deux à la primaire n'avait pas voté pour Benoît Hamon, reportant ses voix à parts quasi égales entre Jean-Luc Mélenchon et Emmanuel Macron. Je pourrais dire aussi que la moitié des électeurs du premier tour de François Hollande en 2012 ont voté Macron en 2017. Face à ceux qui ont fait de ma « trahison » et de celle de Manuel Valls la cause de la déroute de Benoît Hamon, je pourrais dire que j'ai plus d'humilité et de lucidité qu'ils n'en ont : je n'ai jamais pensé que c'était mon engagement aux côtés d'Emmanuel Macron qui avait fait passer le score du PS au premier tour de la présidentielle de 28 % en 2012 à 6 % en 2017 !

Je pourrais enfin arguer, car c'est vrai, que les électeurs de ma circonscription ont eu l'occasion de juger de cette « trahison » puisque, en juin 2017, j'ai été candidat au renouvellement de mon mandat. Et qu'ils m'ont renouvelé leur confiance, avec 45 % des voix au premier tour et 66 % au second tour.

Tout cela est juste. Mais cela n'efface pas le fait que j'ai effectivement signé un engagement de soutenir le candidat désigné et que je n'ai pas respecté cet engagement. Écrire un livre donne l'occasion de revenir sur ce que l'on a fait de façon plus complète que dans n'importe quelle interview. Je veux donc y revenir pour redonner sa signification de fond à cet épisode.

Je m'étais lancé dans cette primaire pour deux raisons.

La première tenait dans le titre de l'affiche de ma campagne : « La France de tous les progrès ». Après un quinquennat fait de déni, d'incapacité à assumer la ligne économique suivie, au motif qu'elle ne correspondait pas à une doxa « de gauche », d'atermoiements sur les questions de sécurité, mais d'avancées aussi sur des questions sociétales comme celle de la loi dite du « mariage pour tous », face au danger de l'extrême droite, mesuré notamment lors des élections intermédiaires (le parti de Marine Le Pen venait de rassembler plus de 27 % des voix au premier tour des élections régionales), j'avais acquis la conviction que les partis existants étaient dépassés et que le clivage droite-gauche devait être remis en question.

Sur la modernisation du système de protection sociale, l'instauration d'un système universel de retraite par points, l'adaptation du droit du travail aux nouvelles formes d'activité et à la concurrence internationale, sur le niveau – trop élevé ! – des impôts, sur la nécessité de réformer nos institutions, je pensais qu'il était nécessaire de clarifier les choses. Beaucoup d'observateurs ont qualifié mes propositions de « sociales-libérales » – en France, les médias veulent toujours étiqueter tout le monde puis enfermer les uns et les autres dans des petites cases. Si ce qualificatif suppose un réalisme en matière d'économie, une prise en compte de la réalité européenne et des nécessaires compromis qu'exige une union de pays aux traditions et aux cultures politiques différentes, je l'accepte aisément. Et chacun conviendra que cela me rapprochait beaucoup plus d'Emmanuel Macron que de n'importe quel autre candidat de la primaire de gauche. On peut même dire que, sur ces questions, mes positions étaient aux antipodes de celles de Benoît Hamon. Et je n'ai pas manqué de le dire pendant les trois débats télévisés que nous avons eus.

Sur les questions dites « sociétales », il me semblait également qu'il était nécessaire de réaliser des progrès, et notamment dans trois domaines : la question de la légalisation du cannabis, l'ouverture de la PMA à toutes les femmes, et notamment aux couples de femmes, et la prise en compte de la volonté des malades en fin de vie.

Ouvrir la PMA à toutes les femmes supposait une modification législative, alors que nous sortions tout juste d'un débat épuisant sur le mariage pour tous. Plutôt que de jouer une énième fois l'opposition droite-gauche sur un sujet clivant au sein de la société française, sans assurance de pouvoir mener la réforme à son terme, je mesurais que, dans ce qui était alors la droite, l'idée faisait son chemin. On ne dira jamais assez à quel point la ligne « tradi » portée par François Fillon, sous l'influence notamment de Bruno Retailleau, a contribué à détacher de ce qui était la droite une partie de citoyens comme de responsables politiques. Voir des acteurs politiques venus de la droite, y compris des personnes qui s'étaient opposées au mariage pour tous, apporter leur soutien à Emmanuel Macron (qui avait intégré la PMA pour toutes à son projet) me semblait une chose positive : je ne comprends d'ailleurs pas l'habitude, très française, qui consiste à reprocher à des politiques de changer d'avis. Combien de réformes considérables n'auraient jamais vu le jour si les gens n'avaient pas reconsidéré leurs idées premières : sur l'IVG, sur la peine de mort, sur le mariage pour tous même – rappelons qu'une partie des socialistes, Élisabeth Guigou en tête, étaient farouchement opposés au mariage pour les couples homosexuels lors des débats sur le PACS –, c'est bien par l'évolution des opinions et des positions que se sont faites les avancées.

Du reste, qu'y a-t-il de plus antinomique de la politique que la croyance en des positions figées à jamais ? Si la politique n'est pas seulement l'art de gouverner, mais aussi celui de la conviction, cela suppose bien que chacun puisse accepter l'idée de changer d'avis, sans se condamner à l'infamie du procès en trahison.

Sur la question de la fin de vie – pour parler clair, du droit à l'euthanasie et au suicide assisté –, je partageais les convictions de Benoît Hamon, de Manuel Valls ou même de Jean-Luc Mélenchon. Et je regrettais la frilosité d'Emmanuel Macron. Devais-je faire de cette question, assez importante pour que j'aie proposé au cours de la campagne des primaires d'en faire un sujet de référendum, la pierre angulaire de mon choix ? Je ne pense pas qu'un choix pour l'élection présidentielle, donc pour le gouvernement de la France pendant cinq ans, puisse se faire sur un seul critère. Sachant que si jamais le second tour de l'élection présidentielle s'était joué entre François Fillon et Marine Le Pen, risque qui était réel, nous aurions eu face à face deux candidats opposés à toute évolution législative sur ce sujet.

En 2017, lors d'un de nos échanges en tête à tête, je dis au président Emmanuel Macron qu'il me semble y avoir à l'Assemblée nationale une majorité transpartisane sur ce sujet de la fin de vie. Je lui propose même une méthode : les députés du groupe majoritaire qui se retrouvent sur cette position pourraient déposer une proposition de loi qui pourrait être travaillée avec les députés des autres groupes intéressés par le sujet. J'ajoute que, dans la mesure où il ne s'était pas engagé en tant que candidat sur la fin de vie, le gouvernement pourrait rester en retrait et le groupe majoritaire reconnaître qu'il existe une totale liberté de vote sur un tel texte. Il me répond qu'il n'est pas contre mais qu'il faut commencer par faire un bilan de la loi Claeys-Leonetti votée sous le mandat de François Hollande. Ce bilan sera fait et fera clairement apparaître que la loi Claeys-Leonetti était très insuffisante pour faire face à toutes les situations. Mais lorsque les députés En Marche ! favorables à une loi sur la fin de vie prendront l'initiative – députés largement majoritaires au sein du groupe majoritaire –, le gouvernement s'y opposera tout comme le président du groupe En Marche !, à la demande de l'exécutif.

Après le grand débat organisé pour faire retomber les tensions nées du mouvement des Gilets jaunes, je propose dans une note au Président d'organiser des référendums. D'abord, parce que je vois bien que les Français veulent participer directement aux choix politiques importants. Ensuite, parce que cela permettrait de surmonter certains blocages au Parlement – ce sujet donne lieu, chaque fois qu'il est inscrit à l'ordre du jour, à des dépôts d'amendements d'obstruction en très grand nombre pour enliser voire paralyser le débat parlementaire. Le Président avait envisagé d'organiser des référendums – *Le Journal du dimanche* avait même cru pouvoir affirmer que l'État avait passé des commandes de papier pour les organiser. Évidemment, il n'en était rien. Peu importe pour le faux scoop, mais il est dommage que le sujet ait été prestement évacué dans la conférence de presse du Président après le grand débat.

Et je continue aujourd'hui de penser que, même si le calendrier législatif de cette fin de mandat ne s'y prête pas, il faudra à l'avenir, surtout si le président de la République devait être réélu, remettre l'ouvrage sur le métier. Grâce au travail de Jean-Louis Touraine, député ex-PS devenu En Marche ! mais aussi grâce à un travail transpartisan, chacun a pu mesurer qu'il existait une majorité à l'Assemblée nationale pour adopter une loi sur le droit de choisir sa fin de vie, majorité dont le socle est au sein de la majorité présidentielle, mais qui va bien au-delà.

Et puis, dans les propositions dites « sociétales » que j'ai portées à la primaire, il y avait la question du cannabis. Comme la plupart des écologistes, j'étais favorable à sa légalisation. À la différence de beaucoup d'écologistes, pas parce que je serais moi-même adepte de sa consommation : mon aversion pour les odeurs de fumée est quasi maladive, et ce qui vaut pour le tabac vaut pour le reste. Mais j'ai pu mesurer, notamment dans ma circonscription, et cette réalité est perceptible partout, à quel point le cannabis est source d'une économie souterraine qui mine la vie de tant de quartiers, et constitue également un facteur de dégradation de la santé.

La prohibition que la France pratique sans discontinuer depuis les années 1970, alors que de nombreux pays légalisent et régulent la consommation, me semblait une impasse. Je continue de le penser aujourd'hui. Benoît Hamon proposait la légalisation. Mais, comme pour la fin de vie, la faiblesse de son socle politique faisait qu'il n'était pas en mesure de s'imposer, et donc de mener à bien ce projet. Emmanuel Macron proposait, à défaut de la légalisation, une forme de dépénalisation, *via* une amende forfaitaire. Cela avait au moins l'avantage de libérer la justice d'une partie des affaires qui conduisaient son fonctionnement à la thrombose. Nous avons d'ailleurs mené cette réforme à bien. Est-elle à mes yeux suffisante ? Non. Mais, encore une fois, je suis un réformiste. Je préfèrerai toujours la politique des petits pas aux annonces de lendemains enchantés qui ne se concrétisent jamais.

Sur le plan économique et social, ou même sur des propositions institutionnelles aberrantes comme le « 49-3 citoyen », je me trouvais donc sur des positions diamétralement opposées à celles du candidat issu de la primaire. Sur le plan sociétal, j'étais en accord avec lui, mais avec la conscience qu'il ne serait pas en mesure de les réaliser.

Restait l'écologie.

Les slogans ont toujours quelque chose de simpliste, parfois même de présomptueux : je m'étais laissé convaincre d'adopter un « L'écologie, c'est de Rugy » qui avait le double avantage de la rime et de la clarté du message – j'entendais porter un message fort sur l'écologie, dans un débat entre candidats pour la plupart issus du Parti socialiste. Je mesure aussi que ce slogan pouvait avoir de réducteur, voire de prétentieux. Il supposait qu'il n'existe qu'une écologie, et il me posait en unique dépositaire de la préoccupation environnementale dans le débat. Or, mon départ d'EELV reposait précisément sur l'affirmation qu'il fallait sortir d'une doxa verte construite au fil des années, mais qui me semblait sur de nombreux points obsolète. Et il faut reconnaître que je n'étais pas le seul, dans cette compétition, à me réclamer de l'écologie. Benoît Hamon lui aussi se posait en candidat écologiste. Simplement, nous ne portions pas la même écologie. Lui avait épousé quasiment tous les positionnements d'EELV – au point qu'il finira par devenir aussi le candidat de mon ancien mouvement, puisque Yannick Jadot, désigné par Les Verts, le ralliera quelques semaines plus tard. Notons qu'en rejoignant Les Verts sur leur programme, allant même plus loin qu'eux sur le revenu de base universel, avec 6,3 %, il rejoindra aussi Les Verts en termes de résultat électoral...

Moi, je souhaitais porter une autre vision. Mais probablement, en relisant les propositions formulées alors, n'ai-je pas réussi à transformer cette intuition – l'intuition d'une obsolescence du logiciel de pensée de l'écologie politique française face aux vrais défis écologiques – en propositions réellement abouties, en tout cas suffisamment convaincantes.

Par ailleurs, je m'étais trompé et j'avais été trompé sur cette « primaire ». Sur la forme, je découvrais à la toute fin du processus que le Parti socialiste avait menti sur l'organisation de la primaire – sans doute parce qu'il avait prévu d'abandonner ce processus si François Hollande avait décidé de se représenter. Une grande partie des bureaux de vote annoncés n'existaient pas, d'où l'incapacité à proclamer des résultats le soir de « l'élection » ! Et le pire est que cette supercherie a été couverte par une « haute autorité » présidée par un professeur de droit qui se permettra par la suite de nous faire des leçons de morale...

Sur le fond, elle n'a pas été la primaire qui aurait permis de trancher des questions importantes que les partis de gauche avaient toujours esquivées. D'abord parce qu'elle a été la primaire du PS et rien d'autre. Et elle a été l'épilogue de l'affrontement entre François Hollande et ses anciens ministres devenus les frondeurs. François Hollande se déroba et Benoît Hamon, une fois élu, ne respecta pas le premier point de la liste des engagements que nous avions tous signés et qui indiquait que le vainqueur devait créer les conditions du rassemblement tant sur le fond du programme que sur la forme d'organisation de la campagne. Dans la logique des courants minoritaires du PS, il n'était pas là pour gagner mais pour imposer une nouvelle pureté idéologique autour de ses propositions, et d'elles seules. Je dois dire que celui qui avait bien anticipé cela et me l'avait confié en novembre 2016 n'était autre qu'Emmanuel Macron. Il m'avait dit qu'il refusait de se situer dans une primaire même ouverte parce qu'il pensait que, d'une part c'était antinomique avec son projet de dépasser le clivage gauche-droite et que, d'autre part, cette primaire tournerait à une course à la radicalité programmatique. Bonne anticipation !

Je me souviens du dernier débat télévisé de cette primaire. Juste avant la fin, les journalistes qui animaient ce débat sur France 2 demandent à chaque candidat ce qu'il ferait avec Emmanuel Macron. Vincent Peillon n'hésite pas à proclamer dans une forme d'arrogance : « Il est tel le fils prodigue, il reviendra à la maison. » Arnaud Montebourg croit pouvoir recycler une formule de Martine Aubry : « Quand c'est flou, c'est qu'il y a un loup », déclenchant le rire sonore de Manuel Valls. Je me dis à ce moment que, décidément, les socialistes, même avec leurs divergences profondes, aiment à se retrouver pour dénoncer sinon l'ennemi en tout cas le gêneur. Je réponds pour ma part que, quoi qu'il arrive, il faudra travailler avec Emmanuel Macron. Je n'ai qu'un seul regret : ne pas avoir dit ce soir-là clairement : « J'ai plus d'affinités politiques avec Emmanuel Macron qu'avec Benoît Hamon ou Arnaud Montebourg. » Il faut croire en tout cas que beaucoup de gens ayant suivi le débat avaient lu dans mes pensées car de nombreux tweets diront que « le candidat macroniste de cette primaire, c'est de Rugy ».

## « Les électeurs jugeront »

Pendant ce temps, sur l'écologie, Emmanuel Macron ne disait pas grand-chose. Il ne se situait pas dans le déni pratiqué par François Fillon – déni tellement poussé que lorsque, dans une interview, Jean-Jacques Bourdin lui fit remarquer que, dans son livre programme, il n'y avait rien sur la crise climatique, il ne trouva rien d'autre à lui répondre que cela viendrait dans un autre livre... qui n'est jamais venu. Mais l'ancien ministre de l'Économie de François Hollande conservait, sur les questions d'environnement, de lien entre développement économique et prise en compte des crises climatiques et de la biodiversité, un silence d'autant plus étonnant que, sur les questions économiques, fiscales, institutionnelles, culturelles, il s'exprimait avec une volonté de réforme pour adapter la France aux évolutions du monde. Emmanuel Macron se revendiquait clairement comme le candidat réformateur et progressiste.

Le 10 février 2017, lorsqu'il sort de son silence en répondant en direct aux questions de la communauté du

WWF France, à l'initiative de Pascal Canfin, le candidat Macron démontre une grande conscience des enjeux. Ses réponses sont prudentes, mais les engagements sont là : maintien du cap de la Loi de transition énergétique et redéfinition d'un mix énergétique alliant nucléaire et énergies renouvelables, fin des permis d'exploration et d'exploitation des hydrocarbures, et notamment des gaz de schiste, sur le territoire français, lancement d'appels d'offre pour des unités de production d'énergie renouvelable, accélération de la reconversion du parc automobile français – par la convergence fiscale entre le diesel et l'essence –, et mise en place de primes à la conversion pour les ménages les moins favorisés... Alors que François Fillon, qui de son côté faisait encore la course en tête des sondages, avait inscrit à son programme la suppression du principe de précaution de la Constitution, pourtant inscrit sous la présidence de Jacques Chirac, il m'est apparu impossible d'en rester à une posture purement partisane, impossible de soutenir par simple discipline un candidat n'ayant aucune chance de se qualifier au second tour et dont je ne partageais pas les trois quarts du programme.

Si j'avais soutenu Benoît Hamon, l'écologie en aurait été le prétexte. Mais ce n'aurait été que le choix d'un slogan, tant nos visions des solutions aux crises écologiques différaient. En soutenant Emmanuel Macron, l'écologie devenait un pari.

Ce pari, je le faisais notamment au regard des expériences précédentes des locataires de l'Élysée. Aucun d'entre eux n'était entré en fonction avec un passé et des convictions écologistes chevillés au corps. Et pourtant, sous la pression de la réalité, tous avaient entamé au cours de leur mandat un « virage vert » : c'était vrai de François Mitterrand avec les bases du leadership français sur les questions climatiques jetées à Rio. C'était vrai de Jacques Chirac avec l'adossement à la Constitution de la Charte sur l'environnement et le discours aux Nations unies. C'était vrai de François Hollande avec tout le travail développé autour de l'organisation de la COP21, qui a positionné la France en leader sur la scène internationale sur ce sujet. Les Verts ont longtemps demandé que les jeux environnementaux soient au cœur de la diplomatie française. Et c'est au moment où cela devenait le cas qu'ils choisirent de se dérober devant les responsabilités...

Seul, Nicolas Sarkozy avait fait machine arrière, la crise financière de 2008 ayant contribué à enterrer les initiatives qu'il avait pourtant lui-même lancées et qui étaient utiles et prometteuses comme le Grenelle de l'environnement d'une part ou la taxe carbone d'autre part. Il faut dire que, sur ce dernier point, le Conseil constitutionnel le stoppa net dans son élan en retoquant la mesure contenue dans la loi de finances pour 2010 au motif que toutes les entreprises ne seraient pas traitées de la même façon. Or, le principe même d'une fiscalité écologique intelligente et efficace suppose d'adapter la mesure selon les secteurs d'activité économique

Mais, dans l'ensemble, contrairement à ce que racontent souvent les militants et ce que croient beaucoup de journalistes, l'exercice du pouvoir a plutôt tendance à

« écologiser » les élus : c'est vrai au plan local, où des initiatives de piétonisation des centres-villes, de développement des pistes cyclables, de réseaux de chaleur, de végétalisation des espaces publics ou de bâtiments basse consommation ou à énergie positive, à l'origine limitées à quelques municipalités généralement considérées alors comme iconoclastes, sont désormais pleinement intégrées aux réalisations des équipes municipales – quelle que soit leur couleur politique. Il demeure, bien entendu, des degrés dans ce verdissement des politiques publiques, mais le mouvement est là, incontestable, de nos mairies à la présidence de la République.

Avant d'annoncer mon soutien à Emmanuel Macron, je le rencontre une nouvelle fois par l'entremise de Stéphane Séjourné, son fidèle conseiller, avec qui j'étais toujours resté en contact. Je le rencontre à un moment où les sondages laissaient présager un second tour Fillon-Le Pen. Le candidat Macron traverse d'ailleurs une mauvaise passe à la suite d'une polémique née de propos tenus sur la colonisation en Algérie et d'un meeting raté à Toulon. Je lui dis tout de go que je le soutiendrai et que je ne demande rien en retour. Je n'ai rien négocié avec lui et son équipe de campagne : ni de place dans l'équipe de campagne ni de rôle particulier dans son dispositif politique, s'il est élu. Je lui pose simplement une question qui le surprend un peu. Je lui demande s'il continuerait à faire vivre le mouvement En Marche ! qu'il a créé pour la campagne présidentielle si jamais il n'était pas élu. Je sens que le sujet ne l'intéresse guère et nous passons à l'organisation de la campagne. Nous avons vu ensuite que, une fois président, le développement du mouvement En Marche ! ne l'intéressera pas beaucoup. Comme s'il pensait qu'il valait mieux qu'il soit en veille entre deux élections présidentielles.

Emmanuel Macron me dit qu'il m'intègre immédiatement à son conseil politique. Il me demande par ailleurs de le représenter dans un certain nombre de débats ou vis-à-vis de certains acteurs sur l'éducation. Je suis un peu étonné de cette proposition, n'étant pas un spécialiste du sujet, mais j'aurai en effet à participer à différentes rencontres avec des associations de parents d'élèves ou des syndicats étudiants. Quand j'irai le représenter au congrès de l'UNEF, un groupe d'étudiants sortira bruyamment de la salle en protestant : devant ma surprise, la présidente de l'UNEF de l'époque (dont j'apprendrai plus tard qu'elle fut l'élève de ma sœur !) me chuchote à l'oreille : « Ne vous inquiétez pas, certains courants de l'UNEF font ça contre moi parce qu'ils ne voulaient recevoir que des candidats de gauche. » À gauche, le sectarisme est une maladie qui peut s'attraper jeune ! Et je touche du doigt ce qui deviendra ensuite une pratique systématique des partis de gauche et des Verts après l'élection présidentielle : la diabolisation d'Emmanuel Macron, qui les empêche de reconnaître par exemple les mesures sociales ou écologiques prises tout au long de son mandat par le gouvernement et sa majorité à l'Assemblée.

# Du perchoir au gouvernement

En soutenant Emmanuel Macron dès avant le premier tour de l'élection présidentielle, au début de l'année 2017, j'avais fait un choix de conscience, en préférant, selon la formule que j'employai alors, « la cohérence à l'obéissance ». Tout en ayant conscience aussi que, en agissant ainsi, je contrevenais à un engagement signé – qui avait été rendu caduque et par les circonstances politiques (l'abandon de François Hollande, un deuxième tour Fillon-Le Pen qui se profilait) et par le comportement des acteurs de la primaire (les tromperies du Parti socialiste sur son organisation et le cavalier seul de Benoît Hamon qui croit pouvoir rassembler sur son seul projet...). Tenir cet engagement aurait été à mes yeux irresponsable au regard des enjeux.

Je repensais à ce que j'avais répliqué dans le premier débat de la primaire quand Arnaud Montebourg et Benoît Hamon disaient que, s'ils étaient choisis, ils iraient voir Jean-Luc Mélenchon pour le convaincre de se rallier au vainqueur de la primaire. Je leur avais dit que ce serait comme dans le refrain d'une chanson de Bénabar : « C'est l'histoire de l'agneau qui invite le loup à dîner... » C'est exactement ce qui s'est produit, au sens propre et au sens figuré. Pour tenter de sceller une alliance, Benoît Hamon a invité Jean-Luc Mélenchon à dîner, et il a été mangé tout cru...

Imagine-t-on un instant ce qu'aurait été un choix de deuxième tour à l'élection présidentielle entre Jean-Luc Mélenchon et François Fillon ou, pire, entre Jean-Luc Mélenchon et Marine Le Pen ? Un cauchemar pour tous les démocrates ! Nous n'en sommes pourtant pas passés loin, Jean-Luc Mélenchon, François Fillon, Marine Le Pen et Emmanuel Macron étant quatre candidats qui se situaient entre 19 % et 24 % soit moins de 5 points d'écart entre les quatre premiers : du jamais vu sous la V$^{e}$ République.

« La politique, stop ou encore ? » : c'est à ce moment-là que je me suis posé la question. Ou plutôt que je me la suis posée à nouveau. Je me souviens bien que, au retour des vacances de l'été 2016, je m'étais posé la question pour la première fois depuis que je m'étais engagé en politique. J'avais un peu plus de quarante ans, cela faisait quinze ans que j'étais élu. Nous avions subi, il n'y a pas d'autre mot, les affres du quinquennat Hollande et des changements de pied de Cécile Duflot à la tête des Verts. La question de se représenter aux élections législatives pouvait se poser. Et, surtout, si j'étais réélu, un nouveau mandat de député pour quoi faire ? Pour être à nouveau cinq ans dans l'opposition ?

Sur le plan politique, si je ne doutais pas de la cohérence et de la justesse de mon choix en faveur d'Emmanuel Macron, la question de l'engagement renié me taraudait. Pendant les quelques jours qui ont suivi l'annonce de mon soutien à Emmanuel Macron, j'ai sérieusement envisagé de couper les ponts avec ce qui avait été mon quotidien pendant tant d'années. De bénéficier du très généreux régime d'assurance-chômage des anciens députés – un régime d'exception auquel j'ai proposé de mettre fin dès que j'ai été élu président de l'Assemblée nationale mais qui s'appliquait alors. Je pouvais considérer que le moment était venu de prendre du temps pour entamer une réorientation professionnelle et, d'une certaine manière, une nouvelle vie.

C'est à la fois, et paradoxalement, la nouvelle motivation née de l'espoir qu'Emmanuel Macron avait fait naître d'une vraie recomposition de la vie politique française mais aussi tous ceux qui me vilipendaient et dénonçaient ma « trahison » qui m'ont convaincu de continuer.

Dans les jours qui ont suivi ma déclaration de soutien au candidat d'En Marche !, sur les réseaux sociaux, j'ai essuyé une première tempête : de nombreux comptes publiaient ma signature au bas de la Charte de la primaire, en m'affublant de qualificatifs tournant autour du thème de la trahison – un thème récurrent à gauche où on accuse toujours l'autre de trahison, surtout ceux qui sont porteurs de radicalité face à ceux qui font au contraire preuve de réalisme.

Plutôt que de répondre aux arguments qui avaient été les miens pour justifier mon soutien au futur président, les responsables du Parti socialiste me renvoyaient sans cesse à cet engagement. Ces mises en cause venaient la plupart du temps de ceux qui avaient été tout sauf loyaux au président Hollande, à leur parti et à leur majorité. Souvenons-nous que ces socialistes donneurs de leçons, les frondeurs, avaient envisagé de mêler leurs voix à une motion de censure déposée par la droite contre le gouvernement issu de leur parti ! Je lisais dans la presse les déclarations faussement offusquées de responsables politiques qui, en privé, disaient pis que pendre de leur candidat, et qui ne cachaient souvent pas qu'ils voteraient pour Emmanuel Macron. L'un d'eux a même réussi l'exploit, dans l'hypocrisie, de fustiger publiquement mon absence de sens de l'honneur, tout en m'adressant un SMS me félicitant pour le courage de ma prise de position. Celui-là a de la chance que je sois, en toutes circonstances, respectueux du principe du secret des conversations privées, malheureusement si malmené aujourd'hui.

Je n'aime généralement pas les concepts psychologiques appliqués à la politique. Ils sont souvent soit inopérants, soit caricaturaux. Mais, en l'espèce, entre mes idées que j'avais choisi de suivre et ma signature que j'avais trahie, je vivais bien un conflit de loyauté.

C'est une conversation avec un ami, auquel je m'ouvrais de mon dilemme, qui m'a convaincu de ne pas dire « stop » : « En politique, le juge suprême, c'est l'électeur. Si tu renonces à te représenter, tu ne sauras jamais ce que les gens pensent vraiment de ton choix de soutenir Macron. Qu'est-ce qui compte le plus à tes yeux ? Le jugement de Jean-Christophe Cambadélis, celui de @gaucheforever sur Twitter, ou celui de tes électeurs ? » Vu comme ça...

Dans les semaines qui ont suivi mon soutien à Emmanuel Macron, j'ai constaté avec beaucoup de satisfaction que je n'étais pas le seul élu issu des rangs Verts à opérer le même choix : mes collègues Éric Alauzet, Barbara Pompili, et des figures historiques de l'écologie française comme Daniel Cohn-Bendit ou Corinne Lepage, des élus locaux comme Matthieu Orphelin, Nicolas Hulot et Pascal Canfin suivront quelques mois ou années plus tard. Certains, depuis, ont quitté le navire, sous les applaudissements de ceux qui m'ont vilipendé pour ma « trahison » de 2017... Là encore, pas besoin d'en discuter longtemps : ce sera aux électeurs d'en juger. Du moins pour ceux qui se confrontent au suffrage universel, ce qui n'a jamais été le cas de Nicolas Hulot.

En rejoignant En Marche !, ce n'est toutefois pas sur les questions d'écologie que je me suis mobilisé. Porte-parole sur le programme éducatif, j'ai également beaucoup travaillé sur les questions institutionnelles : je savais que, si nouvelle majorité il devait y avoir, je serais un de ses rares membres à avoir une expérience parlementaire. Et les réformes portées par le candidat – sur le fonctionnement de la vie politique – nécessiteraient tout de même quelque connaissance de la « machine ».

C'est pour cela que, une fois réélu député de Nantes, je me suis porté candidat pour être président de l'Assemblée nationale, sur la base d'un projet que j'avais adressé à chacune et chacun des nouveaux députés de la majorité. Et c'est probablement pour cela que, malgré des chausse-trappes, j'ai été élu.

Ce projet, nous l'avons mis en œuvre dès le mois de juin 2017 : alignement du régime de retraite complémentaire des députés sur le régime de droit commun, comme pour les allocations chômage, nouvelles règles de contrôle des moyens mis à la disposition des élus pour exercer leur mandat, économies sur les frais de la présidence de l'Assemblée... À ces réformes immédiates s'ajoutaient des projets de réforme en profondeur du fonctionnement de l'institution, pilotées par huit groupes de travail, associant toutes les tendances politiques.

Beaucoup m'ont dit depuis que, en accédant à la présidence de l'Assemblée nationale, j'avais changé. C'est rarement au moment où les choses devraient être dites qu'elles le sont, c'est le cas dans la plupart des relations humaines, et la politique est d'abord une affaire humaine.

Avec le recul, je pense qu'ils ont raison. En tout cas, c'est leur perception, et elle comporte fatalement une part de vérité.

Ma vie publique avait changé et, de fait, dans la même période, ma vie personnelle avait changé : passer du statut de député à celui de président de l'Assemblée nationale, ce n'est pas seulement une question de degré dans l'exposition médiatique, de charge de travail, d'organisation du temps. C'est assumer un rôle de représentation, notamment diplomatique, qui nécessite une posture particulière. Certains, parce qu'ils ont baigné, tradition familiale obligeant, dans ce type d'exercice, ou parce qu'ils ont déjà exercé des fonctions, par exemple ministérielles, qui les y ont préparés, n'ont aucun mal à gérer cette transition. Ce n'était pas mon cas, et les images que j'ai pu revoir depuis me renvoient l'apparence d'un type sanglé dans une attitude martiale, le visage fermé, le corps tendu en permanence. Sur certaines photos, on croit presque entendre une voix disant : « Tiens-toi droit, rentre ton ventre ! » François Ruffin y a perçu un jour « la pose de l'aristo ». Comme quoi, les clichés ont la vie dure, et les stigmatisations peuvent prendre bien des visages... Quand vous devenez président de l'Assemblée nationale, votre vie est prise en main, de votre réveil à votre coucher. Conçue pour vous permettre de vous consacrer entièrement à votre fonction, cette doctrine a aussi le pouvoir de vous enfermer.

Mais j'avais aussi, d'une certaine manière, changé d'identité politique : venu à la politique par l'écologie, j'étais devenu l'ex-élu écologiste en politique. Sans compter que je lisais souvent dans des articles de presse que j'avais été nommé président de l'Assemblée nationale par Emmanuel Macron en échange de mon ralliement à sa candidature à l'élection présidentielle. Le manque de connaissance de nos institutions et une lecture de la vie politique systématiquement tournée vers le « jeu politique » personnel de chacun conduisent non seulement à écrire des bêtises mais aussi à entretenir cette délégitimation permanente des élus. Comment s'étonner que les Français se détournent de plus en plus des élections donc de la démocratie si on leur raconte à longueur d'articles que tout est joué d'avance, en allant jusqu'à nier des évidences ? Et la première d'entre elles, c'est que le président de l'Assemblée nationale est élu. Je dirais même que j'ai été élu trois fois : d'abord par les électeurs de la première circonscription de Loire-Atlantique, puis par mon groupe parlementaire (où nous étions quatre candidat), puis par les députés dans leur ensemble (nous étions cinq candidats à nous présenter et j'ai été élu à la majorité absolue dès le premier tour).

Lorsque j'ai rencontré l'ancien président de la République Valéry Giscard d'Estaing, au sujet des réformes institutionnelles, à l'automne 2017, il me dit tout de go : « Vous devriez être le deuxième personnage de l'État » (et non pas le quatrième, comme le prévoit la Constitution aujourd'hui). Alors que je lui dis que peu importe à mes yeux l'ordre protocolaire, il me répond : « Non, ce n'est pas une question d'ordre protocolaire, c'est une question de légitimité démocratique : le président de la République est élu au suffrage universel et vous aussi, alors que le président du Sénat est élu au suffrage indirect par des élus du suffrage indirect et le Premier ministre, lui, est nommé. » Dommage que les journalistes ne soient pas capables de rappeler ces évidences à leurs lecteurs. Il est vrai aussi que les acteurs politiques nourrissent parfois une lecture erronée de nos institutions.

Ainsi, lorsqu'on apprendra la mise en examen de Richard Ferrand, le 11 septembre 2019, après une longue journée d'audition, tard dans la nuit, la première réaction publique, qui sera communiquée à la presse au petit matin par la porte-parole du gouvernement, sera de dire que le président de l'Assemblée nationale gardait toute la confiance du président de la République. Un peu comme si le président de l'Assemblée nationale tenait sa légitimité du président de la République et lui rendait des comptes à lui, comme un ministre qui aurait été nommé. À l'époque, les journalistes n'ont pas relevé ce qu'ils ont peut-être considéré comme un raccourci de la porte-parole du gouvernement, raccourci explicable par la proximité politique entre le président de la République et le président de l'Assemblée nationale, celui-ci ayant été la cheville ouvrière du mouvement En Marche ! lors de sa création jusqu'aux élections législatives de 2017.

Lorsque j'étais président de l'Assemblée nationale, il faut bien dire que l'essentiel de mon temps, de mes réflexions, de mon travail portait sur des questions extérieures à la problématique écologique. La conscience que j'avais de l'obsolescence du logiciel de pensée politique sur l'écologie était toujours aussi forte, mais y réfléchir, lire sur ce sujet, entamer des discussions avec tel ou tel acteur social, économique ou scientifique n'était pas à mon ordre du jour. Dans mon esprit, cette réflexion était destinée à prendre forme un jour. Plus tard. Quand j'aurais le temps.

Certes, je remarquais bien que les journalistes, même lorsqu'ils m'interrogeaient comme président de l'Assemblée nationale, commençaient souvent l'entretien par les sujets environnementaux. Certes, aux dîners de la majorité, c'est sur l'écologie que mes interlocuteurs essayaient le plus souvent d'engager la discussion avec moi. Mais l'écologie n'était plus mon horizon politique quotidien.

Jusqu'à la démission de Nicolas Hulot.

La veille de l'annonce de la nomination des membres du premier gouvernement d'Édouard Philippe, Emmanuel Macron m'avait appelé. Je m'en souviens fort bien car la situation était un peu cocasse : avec Éric Fallourd, mon fidèle conseiller, nous sortions du restaurant la « Casa Germain », situé rue de l'Université, à quelques mètres de la place du Palais-Bourbon où se trouve l'Assemblée nationale. Je sens mon téléphone vibrer dans ma poche et, en riant, je dis à Éric : « Il faut que je regarde, on ne sait jamais, c'est peut-être le Président. » À l'époque où les téléphones portables n'existaient pas, on dit que les personnalités politiques qui, à chaque remaniement, espéraient entrer au gouvernement restaient sans bouger à côté du téléphone jusqu'à ce qu'ils ou elles apprennent, en général par la radio ou la télévision, qu'ils en étaient, ou pas. Ce n'était pas mon cas puisque j'avais en tête de me présenter à la présidence de l'Assemblée nationale où je pensais pouvoir être le plus utile, au vu de mon expérience politique et parlementaire, et de mes projets en matière de réformes institutionnelles. Mes collaborateurs m'ont souvent reproché de mettre mon téléphone sur silence et de ne pas toujours l'avoir sous les yeux. Toujours est-il que, ce jour-là, je décroche, et le Président m'explique que compte tenu de mon investissement dans la campagne et de mon expérience, j'aurais mérité d'être au gouvernement mais que cela ne va pas être possible compte tenu de la parité femmes-hommes d'une part et de l'ouverture à des personnalités de la société civile d'autre part. Et il ajoute : « Notamment pour l'écologie où je vais nommer Nicolas Hulot », avant de glisser, sibyllin : « Mais je ne sais pas combien de temps cela va durer »... Le Président était lucide, avant même cette nomination, sur cette fragilité et cette difficulté à assumer les responsabilités dans la durée. Je le remercie pour cet appel – si mon nom avait pu circuler lors de remaniements en 2012 et 2014, François Hollande n'avait pas eu cet égard. J'apprendrai également plus tard que, avant même les élections de 2017, le mouvement En Marche ! avait testé par sondage différents noms pour le gouvernement et que le qualificatif qui était ressorti me concernant était « crédible sur l'écologie ».

Avant de raccrocher, le Président me dit que nous pourrons faire d'autres choses ensemble, et je lui parle de la présidence de l'Assemblée nationale. Il prend bonne note sans en dire plus. Je verrai après les élections législatives que rien ne me sera donné.

Pendant l'année où il a exercé les fonctions de ministre de la Transition écologique et solidaire (il est celui qui a demandé que le ministère porte ce nom un peu abscons, je l'ai dit plus haut), j'ai vu assez régulièrement Nicolas Hulot. Nous n'avons, ce n'est un secret pour personne, pas d'affinités personnelles particulières. Le passé nous avait opposés : je n'avais pas soutenu sa candidature à la primaire écologiste de 2012, et je pense qu'il m'en voulait pour cela. Je l'avais rencontré à l'époque et je crois que, s'il avait suivi mes conseils, il aurait pu être désigné candidat par Les Verts, mais c'est une autre histoire. Il croyait trop que cela se ferait tout seul « puisque les gens l'aim[ai]ent ». Sans doute était-ce aussi son état d'esprit en arrivant au ministère.

Mais je considérais que, désormais, nous étions dans le même bateau. Et je voulais d'abord le convaincre d'inscrire son action dans la durée, connaissant l'inertie à laquelle on s'oppose toujours quand on s'occupe d'écologie. Le pire ennemi du changement écologique, c'est l'inertie. Entre ceux qui pensent qu'on peut toujours repousser le changement et ceux qui pensent qu'il faut tout changer tout de suite, il faut savoir intégrer la dimension du temps : le temps de la prise de décision sur la base de la bonne analyse d'un problème, le temps de la discussion et même de la négociation, le temps de l'acceptation par les citoyens et le temps de la mise en œuvre. Le fait que celle-ci soit progressive est souvent la meilleure garantie que le changement sera durable.

J'ai donc tenté de l'aider quand il s'est agi de décrypter pour lui les modes de fonctionnement de l'Assemblée – du travail en commission à l'examen dans l'hémicycle – quand il a eu à défendre des projets de loi, et notamment celui qui a mis fin à l'exploration et à l'exploitation des hydrocarbures. Je l'ai incité à rencontrer les parlementaires, en jouant les intermédiaires avec les députés de la majorité en particulier, et cela n'a pas été une mince affaire : il était très réticent à ces contacts.

Lorsqu'il a été victime d'une campagne de presse qui l'attaquait sur son comportement vis-à-vis des femmes, j'ai été là pour le soutenir. Sans tout connaître des reproches qui lui étaient adressés, je savais les méthodes employées pour pousser à témoigner, à charge, des femmes qui refusaient de se considérer comme victimes. Et je savais le rôle joué par des responsables Verts dans la circulation de la rumeur. Quelques mois plus tard, je deviendrai la cible de ces mêmes acteurs, qui m'accableront publiquement. À croire que tout est bon pour empêcher qu'un écologiste autre qu'EELV puisse réussir à agir pour l'écologie. Je ne peux pas dire que j'ai bénéficié du même appui de la part de Nicolas Hulot et de ses soutiens lorsque j'ai été attaqué. Lui savait pourtant très bien que ces campagnes de démolition peuvent être directement liées aux actions que nous menions. Il l'a d'ailleurs publiquement affirmé dans une interview, quelque temps après sa démission.

Nous étions devenus des interlocuteurs réguliers, chacun dans son rôle institutionnel, unis par la volonté de faire progresser des politiques publiques en matière d'écologie. Mais nous ne nous sommes pas liés d'amitié, pas plus qu'une forme de « complicité verte » ne s'est tissée entre nous : d'abord, parce deux solitaires forment rarement un bon duo, ensuite, parce que si nous avions fait le même choix stratégique pour faire progresser l'écologie, nous n'étions pas porteurs de la même vision de celle-ci. Nicolas Hulot avait évolué en moins de dix ans vers une écologie de plus en plus radicale avec une vision de plus en plus messianique, que je jugeais quasi religieuse. Il dira d'ailleurs après sa démission du gouvernement que son regret était de ne pas être parvenu à « convertir » le Président et le Premier ministre. Comme si l'écologie était d'abord une question de foi.

# Le ministère de l'Impossible ?

Ces quelques jours de la fin août-début septembre 2018, je m'en souviens comme si c'était hier. En cette dernière semaine d'août 2018, j'avais décidé de faire une rentrée progressive en étant à mon bureau à l'hôtel de Lassay, mais sans avoir d'activités publiques. Ce mardi 28 août au matin, je n'écoutais pas la radio, encore moins la matinale de France Inter que je n'écoute plus depuis longtemps. Mais vers 8 h 30, je sens mon téléphone vibrer frénétiquement... Je me penche sur les messages et je comprends instantanément que la semaine ne va pas être cette semaine calme que j'avais envisagée. Sur la forme, je suis un peu surpris de voir une démission être annoncée en direct à la radio avant même d'être notifiée au président de la République. C'est sans doute le symbole que la légitimité de Nicolas Hulot était d'abord et avant tout médiatique... Sur le fond, je ne suis pas surpris. Je savais depuis longtemps que cela pouvait arriver à tout moment. J'ai appris par la suite, de membres de son cabinet qui ont poursuivi leur travail avec moi quand je l'ai remplacé, que cette démission était quasiment programmée, et depuis le premier jour.

Nicolas Hulot était sans doute conscient qu'il avait trop de divergences avec Emmanuel Macron pour pouvoir rester à son gouvernement pendant la durée du mandat. L'écologie a pourtant tellement besoin de continuité dans l'action... Et, plus prosaïquement, Nicolas Hulot voyait bien que la mise en œuvre des décisions était autrement plus compliquée que leur annonce. D'ailleurs, il voyait sa popularité, forte avant son entrée au gouvernement, décliner continuellement, ce qu'il avait beaucoup de mal à supporter. Assez significativement, de sa démarche, il dira notamment dans cette interview à France Inter : « C'est une décision entre moi et moi. Je ne veux plus me mentir. » Outre que c'est très autocentré, c'est tout de même un peu surprenant pour qui s'est engagé en politique : en la matière – surtout en démocratie ! –, la politique ne peut jamais être l'affaire d'une seule personne. C'est au contraire en permanence l'interaction entre les responsables politiques, qui généralement sont élus – ce n'était pas son cas –, et les citoyens, qui ne pensent pas tous la même chose, qui n'avancent pas tous au même rythme, qui ne poursuivent pas tous les mêmes buts. Un responsable politique doit avancer au milieu d'intérêts, qui sont évidemment divergents. Le propre de l'action gouvernementale est justement d'agir au sein d'une équipe où les responsabilités sont partagées selon les secteurs entre différentes personnes – et heureusement ! Contrairement à ce que l'on pense souvent, même un président de la République ne peut agir seul et ne peut imposer son point de vue seul. Accepter les responsabilités politiques, c'est d'abord accepter que l'on va devoir en permanence convaincre et négocier, non seulement avec les autres ministres mais aussi et surtout avec les parlementaires, les élus locaux, l'Administration même, les entreprises, les syndicats et tout simplement les citoyens.

Sollicité de toutes parts pour réagir à cette interview, je commence par l'écouter en replay. Je fais deux tweets pour saluer l'action de Nicolas Hulot et regretter cette décision. Je sais immédiatement que beaucoup d'yeux vont se tourner vers moi. Ma première réaction est de ne surtout pas céder à la moindre pression et de laisser la journée se dérouler aussi normalement que possible.

Le Premier ministre ne tarde pas à m'appeler. Sachant sans doute que je souhaite poursuivre mon action à la tête de l'Assemblée, il ne me pose pas directement la question de savoir si j'accepterais de remplacer Nicolas Hulot au gouvernement. Il me demande ce que je pense de cette situation et me dit que le président de la République souhaite prendre le temps de la réflexion. Une semaine, peut-être. J'indique au Premier ministre que plusieurs personnalités me semblent pouvoir assumer cette fonction. Je cite les noms de Barbara Pompili et Pascal Canfin, qui ont tous deux des convictions écologiques incontestables et une expérience ministérielle, dans le quinquennat précédent. Le Premier ministre semble souhaiter que ce soit une personnalité ayant de l'expérience politique qui devienne ministre de l'Écologie. J'apprendrai par la suite que, bien qu'entretenant de bons rapports humains avec Nicolas Hulot, il a beaucoup « souffert » avec son ministre.

J'accepte une courte interview le lendemain matin sur LCI. Élizabeth Martichoux me pose inévitablement la question. Je réponds invariablement que je souhaite poursuivre mon action à la présidence de l'Assemblée nationale. Ce qui est mon état d'esprit. Je reçois des messages de collègues députés de la majorité qui sont partagés : certains tiennent à ce que je reste président de l'Assemblée, d'autres pensent que je suis le seul à pouvoir relever le défi de prendre la tête de ce grand ministère de l'Écologie. D'autres encore me disent qu'il est temps d'avoir un responsable politique expérimenté à la place de Nicolas Hulot qui, issu de la société civile, travaillait en solitaire avec des discours souvent moralisateurs au lieu d'être mobilisateurs pour les citoyens.

Je continue donc à dérouler ma semaine comme elle était prévue à l'agenda tout en poursuivant ma réflexion et en consultant tous azimuts. Dans mon esprit, l'idée fait son chemin.

En pensant que mes convictions écologiques anciennes et mon expérience politique permettraient de réussir là où Nicolas Hulot avait fini par jeter l'éponge, ai-je alors péché par orgueil ? Peut-être, après tout. Mais je me souvenais trop des critiques que j'avais émises envers Cécile Duflot quand elle avait refusé de devenir la ministre de l'Écologie de Manuel Valls pour ne pas succomber à la proposition qui me serait faite : quand on a consacré toute sa vie politique à l'écologie, comment refuser de devenir ministre de l'Écologie ? Vous avez trois heures.

C'est finalement le dimanche matin que le président de la République m'appelle. Je suis alors en mer sur une vedette de la SNSM entre Saint-Nazaire et La Baule. Reparti passer le dernier week-end avant la rentrée à Nantes avec mes enfants, j'avais en effet prévu de rendre visite à l'équipe de bénévoles de la station SNSM de Pornichet, la plus importante de Loire-Atlantique. Marin à mes heures perdues (c'est-à-dire de plus en plus rarement !), je connais l'importance de l'action des sauveteurs en mer : en été, ils sont sans cesse sollicités pour secourir des plaisanciers ou des baigneurs imprudents ; en hiver, ils n'hésitent pas à sortir par gros temps pour porter secours notamment à des bateaux de pêche en difficulté. Avant que nous n'embarquions, un journaliste local de *Ouest-France* m'avait encore posé la question de la succession de Nicolas Hulot : je lui avais répondu que je n'étais pas là pour parler de cela mais que la seule chose que je savais, c'est que la mer faisait partie des attributions de ce grand ministère... Lorsque je réponds à l'appel du Président, nous convenons qu'une vedette de la SNSM n'est pas le meilleur endroit pour discuter : il me dit de saluer toute l'équipe de la station de sauvetage en mer et qu'il suit personnellement les mesures de financement qu'il avait annoncées quelques mois auparavant. Nous prévoyons de nous rappeler en fin d'après-midi. Je serai cette fois en train de monter un meuble IKEA pour mon petit appartement d'Orvault, qui fera couler tellement d'encre moins d'un an plus tard...

Nous commençons à échanger sur les enjeux du ministère de l'Écologie alors que je continue de manier le tournevis. Je lui demande confirmation que la démission de Nicolas Hulot ne vaut pas remise en cause de ce qui a été annoncé depuis 2017 ou des engagements pris pendant la campagne présidentielle : nous parlons de climat et d'énergie – dont je suis convaincu qu'ils sont les deux principaux enjeux, de la fermeture des centrales à charbon et de la chasse, en passant par la fiscalité écologique. Je lui fais confirmer que le périmètre du ministère ne change pas. Et je conclus en lui disant ce qui est à mes yeux le plus important : « Si tu veux un ministre qui se contente de gérer et ne veut rien transformer, prends quelqu'un d'autre que moi ; si j'accepte de répondre positivement à ta demande, c'est parce que je veux appliquer à l'écologie le programme de transformation sur lequel tu as été élu en 2017. »

Nous sommes à peine quinze mois après l'élection présidentielle. Les Gilets jaunes ne sont sur aucun écran radar et personne ne peut se douter qu'une pandémie va tout percuter.

Je dis au Président que, si je deviens ministre, c'est pour contribuer à régler des problèmes plutôt que de me contenter de les gérer, comme je l'ai trop souvent vu. J'apprendrai plus tard à mes dépens que non seulement ce n'est pas ce qui est valorisé politiquement et médiatiquement, mais que cette volonté de transformer les choses peut même coûter très cher...

Ai-je fait une erreur en quittant la présidence de l'Assemblée nationale pour le ministère de l'Écologie ? Peut-être.

Ai-je des regrets ? Non, car cela a été une expérience extrêmement enrichissante.

Mais une chose est sûre, il ne me serait jamais arrivé ce qui m'est arrivé en juillet 2019 si j'étais resté à la présidence de l'Assemblée nationale. Le pouvoir est une épreuve.

Il est prévu que je revoie le Président le lundi à l'Élysée puis le Premier ministre à Matignon. Mais, de fait, ma décision est prise. Seul signe extérieur que personne n'avait remarqué : j'avais demandé à Carole Bureau-Bonnard, première vice-présidente de l'Assemblée, de me remplacer au G7 des Parlements qui se tient cette année-là au Canada. J'informe ma directrice de cabinet et quelques proches collaborateurs qu'il va falloir faire les valises en très peu de temps pour aller de l'hôtel de Lassay à celui de Roquelaure – autre « palais de la République » et siège du ministère de l'Écologie. Que ce soit pour l'équipe du cabinet ou que ce soit plus encore pour les proches, c'est un brusque changement, cela se fait sans transition.

J'avais une feuille de route – les engagements que nous avions pris en 2017. Je ne débarquais pas en ayant à définir une méthode et un calendrier – beaucoup de réformes étaient déjà lancées, notamment celles sur la fiscalité carbone, et leur répercussion (sous estimée !) sur le prix des carburants. J'ai intégré une équipe gouvernementale déjà au travail, dont les habitudes étaient déjà prises, les affinités interpersonnelles déjà établies, les rapports de force déjà engagés. Au ministère, les équipes étaient déjà en place. Quand les médias m'invitaient, c'était pour commenter l'état d'avancement de projets qui avaient pour beaucoup été initiés avant mon arrivée. À aucun moment, je n'ai été sollicité pour donner ma vision de l'écologie, comme on le fait souvent pour les nouveaux arrivants, après un remaniement gouvernemental d'ampleur. Du reste, je n'ai pas non plus cherché à définir « mon » écologie : les mois précédents m'avaient en partie éloigné de la réflexion sur le sujet, et ma volonté de me poser pour expliciter ma vision des enjeux écologiques n'avait pas trouvé de place dans mon emploi du temps.

Lors de ma brève allocution de passation des pouvoirs avec Nicolas Hulot, j'ai simplement tenu à préciser mon état d'esprit et ma méthode – dialogue, discussions et même négociations avec tous les acteurs, qu'ils soient associatifs, économiques et sociaux, ou élus nationaux et locaux, bien sûr. J'insiste sur une phrase : « Il faut faire marcher main dans la main écologie et économie. » Les observateurs attentifs, qui « pratiquent » le ministère de l'Écologie depuis longtemps, auront relevé la différence avec Nicolas Hulot mais aussi Ségolène Royal qui lui avait précédé. Mais les médias ne retiennent qu'une chose : Nicolas Hulot a essuyé une larme... Les médias oublient de relever que c'est lorsqu'il évoque le fait qu'il aurait voulu que les gens lui témoignent de la sympathie lorsqu'il était ministre et non pas seulement au moment de sa démission... D'abord la préoccupation du moi. En termes de communication immédiate, l'émotionnel individuel l'emporte, évidemment, sur l'approche collective et rationnelle.

Mardi 4 septembre 2018, je suis donc nommé officiellement ministre d'État, ministre de la Transition écologique et solidaire. Je dois dire que ministre d'État était un titre qui m'importait peu. Nicolas Hulot y tenait. Il avait même espéré être vice-Premier ministre, fonction qui n'existe pas dans les institutions françaises.

Je savais d'expérience que ce titre était purement honorifique et protocolaire. Lorsque je suis nommé, seul Gérard Collomb porte ce titre en tant que ministre de l'Intérieur. Je suis numéro trois du gouvernement. Lorsque Gérard Collomb démissionne un mois plus tard, et qu'un remaniement d'une certaine ampleur est décidé par le président de la République, je deviens le seul ministre d'État et le numéro deux du gouvernement. Très honnêtement, sauf si le Premier ministre est empêché et que vous êtes appelé à assurer l'intérim, cela ne change rien dans la réalité de l'exercice du pouvoir. Or, ce qui m'intéresse en ayant accepté cette fonction, c'est le pouvoir de faire, le pouvoir de changer les choses.

J'avais en revanche tenté de faire changer le titre du ministère, tant j'avais vu depuis 2017 à quel point cette appellation de « transition écologique et solidaire » était peu claire pour nos concitoyens. Je souffre que la façon de parler en politique soit contaminée par une sorte de novlangue, mélange de langage technocratique et de langage des agences de communication. Cette façon de parler, qui est tout sauf claire, ne fait qu'éloigner un peu plus les citoyens de la politique. Je souhaitais donc que le titre du ministère soit aussi explicite que possible quant aux attributions du ministère. La logique aurait été que je sois ministre de l'Écologie, de l'Énergie, des Transports et de la Mer. Ma demande ne sera pas retenue, pour ne pas risquer d'essuyer les critiques de Nicolas Hulot qui était l'auteur de cette expression. Les critiques, nous y aurons évidemment droit... Quant à cette appellation, même le Premier ministre s'y emmêlait les pinceaux : dans des interventions où j'étais à ses côtés, il lui arrivait de m'appeler le ministre des Transitions...

Au-delà du titre, je mesurais chaque jour l'étendue des compétences de ce ministère. Étonnamment, c'est à la présidence de Nicolas Sarkozy qu'on doit la constitution de ce grand ministère – et non pas à un accord entre les Verts et le PS : alors qu'il était considéré comme peu porté sur l'écologie, c'est lui qui décide, dès après son élection à la présidence de la République en 2007, de regrouper au sein de ce ministère non seulement la protection de l'environnement et la prévention des risques (compétences traditionnelles), mais aussi l'énergie, le logement et la mer. Et, on l'a oublié, mais il nomme à la tête de ce ministère Alain Juppé. Celui-ci, battu aux élections législatives qui ont suivi, dut quitter le ministère alors qu'il avait comme conseiller un certain... Édouard Philippe. Jean-Louis Borloo lui succéda et resta trois ans à la tête de ce ministère en menant le Grenelle de l'environnement et en mettant en œuvre les deux lois qui en ont été issues. Un jour où je le recevais au ministère – les échanges avec Jean-Louis Borloo sont toujours intéressants –, il me confia que ce qui l'avait le plus déçu et même affecté lorsqu'il était ministre, c'était l'attitude des associations environnementales... Avec l'expérience, je n'ai pu que partager son appréciation. On y reviendra.

En quelques heures, j'emménage au sein du ministère, au sens propre comme au sens figuré. Je découvre au rez-de-chaussée un bureau certes monumental mais en piteux état. Les services du ministère m'avoueront un jour que l'électricité n'est plus du tout aux normes et qu'il y a un risque incendie réel. Quand je demande si des travaux de sécurisation sont prévus, on me dit que cela sera fait quand la rénovation de tous les locaux du ministère sera terminée, c'est-à-dire dans quelques années. Un jour, lorsque je suis en rendez-vous téléphonique avec mon homologue espagnole pour parler des négociations sur les émissions de $CO_2$ des voitures, un morceau de plafond tombe exactement là où je suis assis quand je reçois des gens en réunion autour d'une grande table... On se contentera de ramasser les bouts de plâtre sans autre forme de travaux. Je montrerai ce bout de plafond endommagé aux deux Gilets jaunes que je recevrai dans mon bureau quelques semaines plus tard, et ils seront étonnés.

Ce bâtiment est par ailleurs un modèle du genre en matière de pertes d'énergie l'hiver. Alors que je recevais un jour le président de la confédération des PME, il ne put s'empêcher d'ironiser sur le fait que les cordonniers sont les plus mal chaussés : il est lui-même à la tête d'une entreprise de menuiserie spécialisée dans les bâtiments anciens et a tout de suite vu tout ce qu'il aurait fallu reprendre...

La porte-fenêtre qui donne l'accès direct du bureau du ministre au jardin de l'hôtel de Roquelaure ne ferme plus correctement. Je n'y prête guère attention, mais mes collaborateurs se retrouveront un jour nez à nez avec deux individus qui avaient réussi à pénétrer dans le jardin et qui s'étaient retrouvés sans problème dans mon bureau ! Épisode jamais élucidé...

Nicolas Hulot m'avait par ailleurs prévenu : l'hôtel de Roquelaure est infesté de souris. J'ai pu rapidement le vérifier par moi-même. Lorsque je vis apparaître un chat dans le jardin du ministère, j'eus le réflexe de lui ouvrir la porte de mon bureau : ce beau matou angora rentra comme s'il était chez lui. Mais il ne chassa pas la moindre souris. Il appartenait à une habitante du quartier et il avait l'habitude de venir passer une partie de la journée bien au chaud au ministère où les secrétaires stockaient même des croquettes dans leur bureau spécialement pour lui.

À l'étage, on me fait rapidement visiter l'appartement de fonction. Il y a un immense salon mais seulement deux chambres, une troisième petite chambre servant de lieu de stockage pour des portants et des appareils de sport, l'appartement n'ayant quasiment pas de placards. Une chambre et un couloir ont été peints en jaune, ce qui est peu raccord avec le style du lieu. Par pudeur vis-à-vis de mes prédécesseurs, on ne me dira pas qui a fait cette étrange demande. Plus étonnant encore, je découvrirai un salon de réception qui ne fait pas partie de l'appartement de fonction –, dont un faux plafond a été équipé de spots qui changent de couleur... Ambiance boîte de nuit ?

Une semaine après sa démission, Nicolas Hulot avait eu le temps de faire ses valises, sachant qu'il habitait cet appartement en célibataire puisque sa femme et ses enfants étaient restés vivre en Bretagne. Je trouvai simplement dans la salle de bains un gel douche de la marque... Ushuaïa : on ne se refait pas !

Je ne peux raconter ici les dix mois passés à la tête du ministère de l'Écologie : un livre n'y suffirait pas si on voulait être exhaustif. Je veux juste donner quelques exemples marquants ou significatifs de mon action dans ce ministère des urgences et du temps long, ministère des contradictions et des catastrophes, en tant que ministre de l'Impossible, comme l'avait qualifié Robert Poujade, premier titulaire du poste à sa création en 1971. Il en fit d'ailleurs un livre en 1975. À noter néanmoins que le ministère comptait à l'époque environ 300 fonctionnaires contre près de 40 000 aujourd'hui, pour un budget de 200 millions de francs, soit 30 millions d'euros pour 35 milliards quand j'étais ministre.

Lors de la passation des pouvoirs, juste avant que chacun fasse un discours dans la cour du ministère, nous échangeons une bonne demi-heure avec Nicolas Hulot. Quand j'y repense, la scène est en fait surréaliste : devisent ensemble des sujets du ministère quelqu'un qui a pensé qu'on ne pouvait rien faire et que cela ne valait pas le coup de s'inscrire dans la durée, et quelqu'un qui veut croire que c'est possible si tant est qu'on s'en donne le temps. La discussion se passe néanmoins très bien. Une semaine après avoir annoncé sa démission en direct à la radio, Nicolas Hulot est en bonne forme. Il semble soulagé de ne plus avoir le poids de la fonction sur ses épaules. Même si je l'avais imaginé, je mesurerai rapidement ce que cela peut signifier. Le Nicolas Hulot que je rencontre ce 4 septembre n'a rien à voir avec le

Nicolas Hulot que j'avais encore rencontré en juillet et qui semblait accablé par la tâche, las et fatigué. Il me dit que rien n'est fait sur l'épineuse question de l'énergie, ce qui n'empêchera pas la presse de se faire l'écho d'un accord qu'il aurait obtenu d'Emmanuel Macron sur le nombre de réacteurs nucléaires à fermer, et à quel rythme. Je n'en retrouverai pas trace dans le ministère. Je gardai pourtant plusieurs membres de son cabinet à mes côtés qui tous me confirmeront que la négociation était au point mort.

Avant que nous ne quittions son bureau pour aller faire nos allocutions sur le perron du ministère, Nicolas Hulot me prend par le bras et me dit : « Il y a un dossier auquel je tiens beaucoup, c'est la réintroduction de deux ourses dans les Pyrénées : tout est prêt et il ne faut pas rater l'occasion en octobre ; après il sera trop tard, les ourses ne pourront plus être transplantées car elles hiberneront. » Et il conclut avec une once de pression : « Est-ce que je peux compter sur toi ? » Je lui réponds que, bien sûr, j'y suis favorable – j'avais essayé de le sensibiliser un peu moins d'un an plus tôt à la réintroduction du lamantin aux Antilles, mais sans succès. Je lui demande si tous les arbitrages gouvernementaux ont été rendus, et il me répond que oui.

# Une histoire d'ours

Nicolas Hulot dit vrai : quand je l'interroge, le président de la République me confirme qu'il a donné son accord à cette réintroduction du plantigrade dans un massif qu'il connaît bien, mais il ajoute : « Va voir les élus locaux et les responsables agricoles ; va sur le terrain dans les Pyrénées parce que Nicolas Hulot m'avait promis de le faire et il ne l'a jamais fait. » Je demande donc à mon cabinet d'organiser cela rapidement. Les services du ministère m'ont par ailleurs confirmé qu'il y avait un accord avec les autorités slovènes pour prélever là-bas deux ourses et les transporter en France.

Lorsque j'ai un échange avec le préfet des Pyrénées-Atlantiques, il ne me cache pas que la situation sur le terrain est un peu tendue. Il me confie que mon prédécesseur lui avait demandé d'organiser des réunions sans préciser que le ministre viendrait, pour jouer sur l'effet de surprise. Le préfet me prévient qu'après six annulations ministérielles, il n'est plus possible de procéder ainsi. Et il ajoute : « Vous comprenez, faire l'annonce de la réintroduction de l'ours par une interview dans la presse et de surcroît dans *Le Parisien*, dans les vallées pyrénéennes, ça ne passe pas... »

Je sens que le terrain est miné, ce dont j'aurai vite confirmation. Nous nous organisons donc avec le préfet pour que je passe une journée complète à Pau et dans les Pyrénées. Je demande d'emblée à pouvoir rencontrer non seulement les élus locaux mais aussi des éleveurs de brebis, pour la plupart hostiles à la réintroduction de l'ours.

Premier accroc : alors que je prends la peine d'appeler les parlementaires personnellement, Jean Lassalle, qui est le député de la circonscription la plus concernée, ne me répond pas. Je lui laisse un message sur son répondeur. Quelques jours plus tard, j'apprends en partant pour Pau qu'il a fait une interview à la radio locale France Bleu pour dire qu'il boycotterait ma venue. Il fait même écouter mon message sur son répondeur à la radio qui le diffuse : étrange conception du respect des communications privées par une radio de service public... Ce que Jean Lassalle oublie de dire, c'est qu'il ne pouvait venir parce qu'il était en voyage à l'étranger. Mais c'est sûr que cela cadre moins avec l'image du député, les deux pieds dans les vallées d'Ossau ! Son frère, qui est à la tête des éleveurs en lutte contre l'ours, n'est en revanche pas en reste : il appelle les agriculteurs à se rassembler dans une bergerie, en précisant : « Venez avec les fusils, que de Rugy comprenne bien. » Il s'active par ailleurs en coulisses pour qu'aucun éleveur ne me reçoive. Un premier qui avait accepté se décommande sous les pressions. Un deuxième demande à ce qu'il n'y ait aucune image et que la rencontre soit secrète car il ne veut en aucun cas être reconnu par peur des représailles... Enfin, lorsqu'il est acquis qu'une éleveuse accepte de me recevoir dans son estive à 1 800 mètres d'altitude, il organise des barrages routiers pour que je ne puisse pas m'y rendre. Les zones de non-droit ne sont pas toujours là où on croit...

Ne voulant pas que les intimidations et les pressions aient le dernier mot et transforment concrètement ma journée dans les Pyrénées en une journée de réunion dans les bâtiments de la préfecture de Pau, le préfet me dit qu'il est possible de s'y rendre en hélicoptère. Je donne mon feu vert à ce mode de transport à l'image certes fort peu écologique – mon prédécesseur était un temps bêtement surnommé l'hélicologiste parce qu'il avait son brevet de pilote. Mais ce mode de transport exceptionnel, qui ne choque pas quand il est utilisé par le ministre de l'Intérieur ou celui de la Défense, a le mérite de pouvoir rendre compte, vu d'en haut, des conditions très difficiles de pâturage des troupeaux sur des prairies particulièrement pentues, où il y a régulièrement des éboulements qui font perdre des brebis. Nous serons d'ailleurs témoins de ce phénomène. Le ministre des Transports que je suis peut aussi constater très concrètement l'étroitesse du principal axe routier qui relie cette vallée à l'Espagne.

Nous apprendrons sur place que l'éleveuse, qui vit de façon très spartiate, dans de tout petits bâtiments, se fait livrer du matériel et que certains de ses fromages sont parfois transportés par hélicoptère. C'est le prix à payer pour maintenir une agriculture si particulière. Mais rien n'y fait, ce que retiendront certains médias, c'est uniquement l'utilisation de l'hélicoptère. Les images tourneront en boucle longtemps sur Twitter. Une équipe de l'émission « Quotidien », montée en voiture pour finir à pied – les éleveurs en colère ne bloquaient pas les journalistes –, s'attardera avec ironie, forcément avec ironie, sur le fait que je suis resté en costume-cravate avec des mocassins de ville... J'avais parlé de ce détail pratique à mon équipe – d'autant plus que j'avais toujours une paire de bottes et des chaussures de marche dans mon bureau, mais on m'avait objecté que nous n'aurions pas le temps de nous changer. J'aurais dû insister pour... l'image.

Des échanges avec l'éleveuse sur son métier, avec la maire de la commune – une des rares à être pro-ours, ils ne retiendront rien. Et quand j'échangerai avec les gardes du ministère, sur la difficulté de protéger l'ours dans ces vallées, les journalistes seront partis depuis longtemps... Je ne regrette pas de ne pas avoir cédé devant l'intimidation des opposants grandes gueules – c'est souvent un pléonasme ! Ces échanges m'ont permis de mesurer que la réintroduction de l'ours est possible mais que, en effet, la vie d'éleveur en altitude est très dure, ce qui justifie pleinement qu'on le fasse progressivement avec un accompagnement et des aides.

À peine rentré à Paris, mon conseiller en communication me transmet une demande de *Paris Match* : le magazine voudrait pouvoir suivre de bout en bout la réintroduction de l'ours depuis sa capture en Slovénie jusqu'à son lâcher dans les Pyrénées. Les fonctionnaires du ministère n'y sont pas favorables, considérant qu'il faut ménager l'animal. L'hebdomadaire revient à la charge. On me fait même miroiter une double page pour moi en contrepartie. Il me faut choisir entre exposition médiatique – et opportunité de valoriser une action – et le bien-être de l'animal. Je finirai par me ranger à l'avis des services du ministère, spécialisés dans le suivi de la faune sauvage. La proposition d'interview dans *Match* passe évidemment à la trappe : pas de photos (de l'ourse), pas de mots (du ministre)...

Le dernier problème à résoudre est justement le lâcher des ourses dans leur terre d'adoption pyrénéenne. Les éleveurs, emmenés par le frère de Jean Lassalle, annoncent qu'ils quadrillent le secteur pour empêcher l'arrivée des deux ourses. Ils font non seulement des barrages routiers mais aussi des ouvertures forcées de camions. Ils empêchent une des rares élues pro-ours de se déplacer en voiture. Zone de non-droit, quand tu nous tiens... Même si je suis très choqué par ces pratiques, par souci d'apaisement, je ne fais aucune déclaration dénonçant ces méthodes, et je donne mon feu vert au transport et au lâcher des deux ourses par... hélicoptère ! Cela donnera lieu à des images émouvantes où les ourses se mettent immédiatement à courir dans leur nouveau milieu alors que l'hélicoptère reprend déjà de l'altitude.

Grâce à de discrètes balises, nous pouvons suivre leurs pérégrinations, de vallée en vallée. Périgrinations qui finissent par s'arrêter pour cause d'hibernation. Et, au printemps suivant, naîtront deux oursons. Qui seront malheureusement tués froidement un mois après leur naissance non pas par un éleveur en colère ou un chasseur avide de trophée mais par un ours mâle ! Monsieur

Ours tue les petits parce qu'ils ne sont pas de lui et parce qu'il veut que Madame Ourse soit de nouveau en chaleur, et à sa seule disposition... Cruelle leçon à méditer par tous ceux qui glorifient le règne animal et essayent de faire croire que tous les problèmes viennent de l'être humain.

Quant aux associations de protection de la nature qui avaient fait de la réintroduction de l'ours le symbole incontournable de toute politique de biodiversité, il faudra que mon collaborateur chargé des relations avec elles leur fasse remarquer qu'un communiqué serait peut-être bienvenu pour qu'elles daignent saluer cette réussite.

Conclusion : ceux qui s'opposent à une mesure s'y opposeront jusqu'au bout et ceux qui sont censés la soutenir sont aux abonnés absents... Et si j'avais besoin d'être conforté dans l'idée que de l'annonce d'une décision à sa mise en œuvre effective il y a un monde, me voilà servi. Cela explique sans doute tant d'effets d'annonce non suivis d'effets réels... On comprend mieux, devant l'ampleur des difficultés, que certains préfèrent s'en tenir aux proclamations plutôt qu'à la prise de responsabilité, notamment dans le petit monde écolo. Loin de me décourager, je me dis au contraire que l'action est possible avec beaucoup de persévérance et d'abnégation.

Mais aussi avec de l'humilité et la conscience que l'équilibre entre la préservation des espèces prédatrices et des activités humaines est fragile. Et qu'il n'y a pas d'un côté les « bons », défenseurs de l'ours, et de l'autre les « méchants », qui dénoncent sa présence sur les versants.

Quelques semaines après mon départ du gouvernement, Éric Fallourd me montre un reportage de France 3 Occitanie, sur une attaque de troupeau, attribuée à l'ours, survenue sur le territoire d'une commune chère à son cœur, Cauterets, dans les Hautes-Pyrénées. On y voit des éleveurs désespérés, saisis d'effroi devant le carnage dont leurs brebis ont été victimes : des bêtes retrouvées mortes, mais aussi des animaux blessés qu'il faut euthanasier ou avorter. Le désarroi de ces hommes est palpable. Nul ne peut remettre en cause la passion pour la nature qui leur a fait choisir cette vie de pâturage, l'amour des animaux qui les amène à leur consacrer l'essentiel de leur temps : ces bêtes sacrifiées, ils les connaissent et ils leur portent une attention et une affection sincères. La montagne, ils en sont les premiers défenseurs, ils contribuent à la faire vivre, à entretenir un lien séculaire entre l'homme et son environnement : ils méritent pleinement, quels que soient leurs options politiques par ailleurs, que je ne connais pas, le beau qualificatif d'écologistes. Les dédommagements de l'État pour leur permettre de survivre économiquement sont utiles mais pèsent peu face au traumatisme qu'ils viennent de traverser. Parmi les commentaires de la page Facebook qui publie la vidéo, je lis : « Et il était où, de Rugy ? » Je suis alors délivré de toute responsabilité ministérielle, et mon agenda est relativement léger : mon premier réflexe est de me dire qu'il faut aller les rencontrer. Mais je dois avouer que la fatigue psychologique qui est alors la mienne – j'ai démissionné il y a moins de deux mois – me fait rapidement abandonner ce projet. Je le regrette encore aujourd'hui : probablement m'en serais-je pris « plein la tête » en rencontrant ces bergers emplis de colère et de sentiment d'injustice. Mais aurait-ce été vraiment pire que le traitement médiatique auquel j'avais eu droit quelques semaines plus tôt, que les insultes reçues sur les réseaux sociaux, que les persiflages ou les ricanements en réponse à chacun de mes tweets, même les plus anodins ? Au moins, cette colère et ce ressentiment qui m'auraient probablement été opposés par ces éleveurs auraient-ils été légitimes, et sans arrière-pensées. Et, surtout, j'aurais peut-être, par la médiatisation donnée à cette rencontre qui n'a jamais eu lieu, permis de faire comprendre que la politique consiste toujours à choisir entre des inconvénients : la réintroduction de l'ours pour empêcher sa disparition du massif pyrénéen, au risque de provoquer de tels événements traumatiques, ou la protection absolue des troupeaux, au risque d'une perte de biodiversité et de l'extinction d'une espèce ?

La défense de l'écologie, pas plus qu'aucune autre politique publique, n'est jamais une question binaire, un tableau en noir et blanc. Il n'y a souvent malheureusement que les écologistes politiques pour ne pas le savoir et le reconnaître.

# Au charbon !

Dans l'échange téléphonique que j'ai avec le président de la République avant d'accepter d'être nommé ministre de l'Écologie, je demande à Emmanuel Macron si l'annonce de la fermeture des centrales à charbon d'ici 2022 est toujours à l'ordre du jour. Non seulement il me dit qu'il y tient beaucoup, mais en plus il me propose de me rendre sur chaque site pour le confirmer après avoir travaillé sur l'accompagnement des salariés et des territoires concernés avec les élus locaux et les industriels. Il ajoute même : « Tu verras, tu vas être chahuté. Moi je l'ai été quand j'ai fait la loi Macron, mais c'est la preuve que l'on transforme les choses. » De ce point de vue, je ne serai pas déçu.

Les débats sur l'énergie en France sont tellement focalisés sur le nucléaire qu'on en oublie qu'il reste dans notre pays des centrales thermiques. EDF a fermé de sa propre initiative de nombreuses centrales au fioul sous le mandat de François Hollande. Mais il reste quatre centrales à charbon qui consomment bon an mal an dix millions de tonnes de charbon importé – la France ne produit plus de charbon depuis la fermeture de « Charbonnages de

France ». Et elles émettent, au fil des années, des émissions de $CO^2$ équivalentes à celles de 4 millions de véhicules particuliers, sachant qu'il y a environ 33 millions de voitures en circulation en France. Ce n'est donc pas rien.

En juillet 2017, Nicolas Hulot annonce la fermeture de ces quatre dernières centrales en même temps que le report de quelques années de la baisse de la part du nucléaire dans la production d'électricité en France. Est-ce une forme de compensation ? Est-ce la traduction d'une volonté d'aller plus vite et plus loin que ce que prévoyait la loi de transition énergétique de 2015 pour le climat ? Toujours est-il que lorsque j'arrive au ministère de l'Écologie, j'ai la surprise de découvrir que rien n'a été entrepris pour mettre en œuvre cet engagement. Autant il y a un processus pour concrétiser la fermeture de la centrale nucléaire de Fessenheim, processus piloté par le secrétaire d'État Sébastien Lecornu, autant la fermeture des centrales à charbon est au point mort. Ainsi, nombre d'acteurs concernés se disent que c'est juste une annonce et qu'il suffit d'attendre pour que cela ne se fasse pas... L'annonce a déjà été faite plus d'un an auparavant. Il faut dire qu'il n'y a que des coups à prendre... Une fois de plus, il se confirme qu'il est tellement plus facile de faire des annonces que de les réaliser réellement.

En réunissant les services du ministère, je découvre la montagne d'obstacles qui se dresse sur notre route. L'analyse de la direction juridique du ministère vient nous rappeler que l'on ne peut pas fermer une centrale sur simple décision politique ou par décret : il faut une loi. Ce que personne n'avait dit jusqu'à présent... Il faut aussi prévoir de changer le statut des Industries électriques et gazières qui date de 1945 au cas où des salariés ne pourraient pas être reclassés et connaîtraient le chômage. Or ce n'est jamais arrivé dans ce secteur habitué à la garantie de l'emploi. Autant dire que quand on touche à ce statut, on navigue entre totem et tabou. Et, surtout, on agit sous la menace de grèves et de manifestations qui peuvent mobiliser les centaines de milliers de salariés d'EDF, Enedis, RTE et autres Engie... Menace de troubles sociaux que les dirigeants des entreprises concernées ne manquent jamais de rappeler au point qu'on finit par se demander s'ils ne les agitent pas eux-mêmes auprès de leurs interlocuteurs syndicaux... Le Premier ministre, qui vient de conduire la réforme de la SNCF, me demande d'aller sur ce terrain avec beaucoup de prudence et de le tenir informé en permanence.

Sans compter qu'une des centrales à charbon se trouve au... Havre, ville dont Édouard Philippe a été le maire et qui est toujours chère à son cœur. La gestion de cette délicate opération contribuera à nous rapprocher, étant moi aussi directement concerné par une des centrales, celle de Cordemais, dans mon département de Loire-Atlantique. C'est la plus importante et elle a été récemment rénovée alors que Ségolène Royal était ministre. Les investissements faits par EDF devaient permettre à la centrale de fonctionner jusqu'en 2035. Autant dire qu'EDF ne voit pas d'un bon œil sa fermeture anticipée et que les salariés ne comprennent pas ce qu'ils considèrent comme un revirement dans la politique de l'État.

Le fait que le Premier ministre et moi-même soyons directement concernés nous vaut aussi un double procès : nationalement, on nous soupçonne en permanence de vouloir ralentir le processus sur le mode : « On sait bien qu'ils ne le feront pas parce qu'il y a des centrales là où ils sont élus », et localement, on nous reproche de ne pas vouloir défendre nos territoires sur le mode : « C'est bien la peine d'être haut placés à Paris si on n'est pas capable d'obtenir le maintien de nos centrales »...

Pour compliquer encore un peu plus la donne, deux centrales appartiennent à EDF (Le Havre et Cordemais) et deux autres appartiennent à Uniper, filiale d'un groupe allemand qui exploite les sites de Saint-Avold en Lorraine et Gardanne en Provence.

Je prends contact avec les dirigeants des deux entreprises. Ils essayent d'abord de me convaincre que la fermeture est une mauvaise décision. Voyant que je tiens bon, ils agitent la menace à peine voilée du risque sur la sécurité d'approvisionnement en électricité de la France. Les dirigeants d'EDF, si prompts à dire en public qu'en France il n'y aura jamais de coupure d'électricité, grâce au parc nucléaire notamment, expriment donc en privé que rien n'est moins sûr et qu'il faut garder des bonnes vieilles centrales thermiques... Comme j'avais consulté auparavant les experts de RTE (Réseau de transport de l'électricité) qui sont les garants de la sécurité d'approvisionnement en électricité de la France, je savais que la fermeture des centrales à charbon, si elle était bien échelonnée, ne faisait courir aucun risque à notre pays. Au passage, je mesure une fois de plus le double langage de beaucoup d'acteurs entre ce qui est dit en public et ce qui est dit en privé.

Je mesure aussi le décalage entre le débat politico-médiatique simpliste, notamment sur les enjeux écologiques, et la complexité des choses dans la réalité.

Quand j'essaye de parler dans les médias de la question de la sécurité d'approvisionnement en électricité de la France – dont le ministre chargé de l'énergie que je suis est le garant –, cela n'intéresse personne. Pire, cela peut être vu comme un prétexte fallacieux pour ne pas fermer immédiatement les centrales à charbon ! Alors que si jamais nous avions une coupure d'électricité même de quelques minutes, ce serait immédiatement le branle-bas de combat sur toutes les chaînes d'info…

Je découvre aussi à cette occasion que, lorsqu'un ministre change, beaucoup d'acteurs de dossiers épineux et conflictuels se disent que c'est l'occasion de faire changer l'orientation du gouvernement ou d'obtenir de revenir sur une décision. J'avais vu la même chose sur la réintroduction des ours dans les Pyrénées ou, dans un tout autre registre, sur la fermeture de la centrale de Fessenheim. Celles et ceux qui espèrent un changement de cap s'empressent de dire dans les médias qu'ils vont demander un rendez-vous au nouveau ministre et qu'ils espèrent davantage d'écoute de sa part.

Il est donc nécessaire de rappeler que, sauf exception, l'orientation gouvernementale ne change pas parce que le ministre change. Cela montre en particulier qu'une continuité d'action avec le même ou la même titulaire du poste pendant cinq ans est un facteur d'efficacité supplémentaire. Entre une démission pour convenance personnelle, une campagne de démolition bien orchestrée et un intérim qui s'allonge, et le remaniement voulu par le Président pour la seconde partie de son mandat, le ministère de l'Écologie aura vu malheureusement passer quatre ministres depuis 2017.

Pour organiser la fermeture des centrales à charbon, je réunis aussi les élus locaux. Beaucoup commencent par tenter de me faire revenir sur ma décision ou d'en repousser la mise en œuvre aux calendes grecques, relayant parfois sans nuance les discours syndicaux. Ils appliquent un principe récurrent de la vie publique : oui aux efforts pour l'écologie, mais plus tard et chez les autres... À ma grande surprise, des élus de gauche, qui nous reprochent en permanence de ne pas assez en faire pour le climat au niveau national, emboîtent le pas aux syndicats localement pour ne rien changer... La palme revient sans doute à Yannick Jadot qui me reproche d'interview en interview de ne pas fermer immédiatement les centrales à charbon, preuve à ses yeux qu'Emmanuel Macron ne veut rien faire pour le climat, alors que ses soutiens reprennent localement l'argumentaire de la CGT pour ne pas fermer la centrale.

Les seuls à être cohérents sont les élus communistes – Le Havre compte un député communiste et Gardanne avait, jusqu'aux dernières élections municipales, un maire communiste. Le Parti communiste français défend le maintien de la filière charbon, sur ces territoires mais aussi à Paris. Fabien Roussel, secrétaire national du PCF et député du Nord, défile avec les syndicats devant le ministère. Au moins, il ne fait pas semblant d'être un écologiste emporté par la foi des derniers convertis, comme peuvent le faire les élus de La France insoumise, par exemple : il assume ses positions pro-charbon à l'Assemblée.

Après ce premier round de réunions – qui prend du temps mais qui évidemment ne se voit pas médiatiquement, je décide de me rendre à la centrale de Saint-Avold en Moselle. Au dernier moment, il a fallu recaler la date car cela risquait de télescoper le « parcours mémoriel » que le président de la République menait à l'occasion du centenaire de la Grande Guerre. Je me demande d'ailleurs s'il y a eu un déplacement ministériel dont le programme ou la date n'a pas dû être modifié à cause d'un événement extérieur ou d'une contrainte posée par le président de la République ou par le Premier ministre, ou à cause d'une urgence – le ministère de l'Écologie est très souvent le ministère des Urgences...

Sur les routes de Lorraine, après la gare de Metz, je reconnais ces terres autrefois minières et toujours industrielles de Moselle que j'ai sillonnées à vélo lorsque je passais des vacances chez mes grands-parents. Arrivé à la centrale, le directeur de l'entreprise, un énarque qui a parfaitement tracé sa route dans l'élite politico-économique française, fait un petit discours d'accueil devant quelques dizaines de salariés : il commence par dire que la dernière haute personnalité politique française à être venue à la centrale est François Mitterrand. Mettre mes pas dans ceux de l'ancien président, voilà qui ne manque pas de flatter mon ego. Je n'ai pas le temps de savourer ce petit plaisir politique qu'il ajoute, ce qui me met en position plus délicate : « Lui est venu pour l'inauguration. » Et il me passe la parole, sachant que, moi, je suis venu pour parler de la fermeture... Je prends mon courage à deux mains et, dans cette salle sombre où tout le monde se tient debout, je prends la parole pour dire sans détour que le gouvernement est déterminé à fermer les dernières centrales à charbon en

France. Je rappelle que cela est la traduction concrète de l'action pour le climat, que tout le monde appelle de ses vœux.

Mon intervention fait l'effet d'une douche froide. Je n'avais en effet fait aucune déclaration médiatique préalable. Contrairement à ce que font la plupart des ministres en déplacement, j'avais refusé de faire une interview à la presse régionale avant. Je comprends que les cadres dirigeants de l'entreprise n'avaient rien dit aux salariés, leur laissant sans doute miroiter que l'annonce de juillet 2017 s'était perdue dans les méandres de l'action politique et qu'avec le changement de ministre tous les espoirs étaient permis quant à l'avenir de la centrale. Je découvre aussi que le directeur de l'entreprise n'a jamais dit à ses salariés que cette filiale française d'une entreprise allemande était à vendre depuis plusieurs mois. Il comptait manifestement mettre les difficultés de l'entreprise sur le dos de l'État et de sa décision de fermeture des centrales à charbon.

La discussion s'engage avec les salariés. Je glisse dans la conversation que je suis lorrain par ma mère et que je suis arrière-petit-fils de mineur de charbon. Nous arrivons même à sourire quand l'un des salariés me dit : « Ce n'est pas aux centrales à charbon qu'il faut s'en prendre, ce sont les moteurs thermiques des voitures qui émettent le plus de gaz à effet de serre. » Je lui fais remarquer que nous agissons aussi de ce côté-là et que cela n'a d'ailleurs pas l'air de plaire à tout le monde : le mouvement des Gilets jaunes vient juste de démarrer... Je visite la centrale et je prends le temps de discuter directement avec des ouvriers et des techniciens.

L'un me dit qu'il est là depuis le début. Un autre me raconte qu'il a été reclassé au sein de cette centrale par Charbonnages de France à la fermeture de la dernière mine de charbon de Lorraine – la centrale avait été lancée dans le cadre du « plan charbon » promis par François Mitterrand en 1981 : autre époque, autres priorités. Un troisième me confie qu'il a déjà accepté de déménager il y quelques années pour venir d'une autre centrale qui avait fermé dans une autre région. Un contremaître me montre fièrement le « compteur » de la centrale : il indique que, l'année précédente, la centrale a tourné près de 7 000 heures, soit plus de 19 heures en moyenne par jour. Elle avait suppléé à des arrêts prolongés sur plusieurs centrales nucléaires, dont Fessenheim... Vue de loin, une centrale thermique est une usine qui avale du charbon et crache de la fumée polluante. Vue de près, c'est évidemment un outil industriel utile, rempli d'histoires humaines. Il ne s'agit pas de dévier de notre objectif de décarboner notre économie – sortir du charbon pour produire de l'électricité devrait même être une priorité au niveau mondial comme au niveau européen –, mais une chose est de proclamer des idées simples et souvent simplistes sur les plateaux télé, une autre est de réussir les changements avec les gens, en allant à leur rencontre. Un des salariés me dira à la fin de la réunion : « On n'est pas d'accord, mais vous au moins, vous êtes venu nous le dire droit dans les yeux. » J'essaierai de toujours m'en tenir à cette façon de faire.

En sortant de la centrale, j'enchaîne une réunion avec des industriels du site, dont le groupe Total qui semble prêt à réembaucher quelques salariés de la centrale.

Mais les services de l'État qui sont autour de la table évoquent un problème auquel personne n'avait pensé : si la centrale s'arrête, on va aussi arrêter de pomper de l'eau de la nappe, pompage nécessaire au refroidissement de la centrale. Or, si on arrête ce pompage, on va rapidement noyer tout le site industriel… Et si on continue de pomper, on va rejeter dans la rivière la plus proche de l'eau polluée… Plus on avance, plus les problèmes s'amoncellent. Me revient en mémoire une phrase que m'avait dite un élu âgé et expérimenté, quand je démarrais mon mandat d'adjoint au maire de Nantes : « Tu sais, François, pas de projet, pas de problème… »

En dix mois passés à la tête du ministère de l'Écologie, j'aurai tout de même réussi à tout mettre en place – y compris à faire voter la loi énergie-climat – pour que les centrales à charbon ferment. Il n'est pas sûr que cela lui sera crédité, mais Édouard Philippe pourra dire que la centrale de sa ville, Le Havre, aura été la première à s'arrêter. Mon seul regret : ne pas avoir pu achever mon tour des centrales. Pour celle de Gardanne, on me dit même que je risque de me faire séquestrer si jamais je m'en approche… Les syndicalistes CGT sont particulièrement virulents et ne reculent pas devant les menaces physiques. Quant à la centrale de Cordemais, dans laquelle je m'étais déjà rendu deux fois avant d'être ministre, le responsable de la CGT locale, que je connais depuis quelques années, me le dit tout net : « Vous pourrez venir quand on l'aura décidé… » Nous sommes en France au XXIe siècle et un ministre ne peut pas se rendre dans une centrale qui appartient à une entreprise dont son ministère a la tutelle, entreprise de surcroît publique à près de 85 % ! Ce ne sera ni la première ni la dernière fois que je constaterai à quel point l'exercice du pouvoir est un rapport de force permanent, et bien au-delà du légal et de l'avouable...

# Et puis vinrent les Gilets jaunes...

Une des règles qui se vérifie toujours en politique est que rien ne se passe comme prévu. Ou, plutôt, que la vie est faite d'imprévu et que la vie politique n'échappe pas à la règle.

Lorsque le président de la République me demande avec insistance de remplacer Nicolas Hulot, qui comme tant d'écologistes préfère la position du démissionnaire, nous sommes à mille lieues d'imaginer que la France sera prise à peine deux mois plus tard d'une de ses pulsions révolutionnaires dont elle a le secret.

Fin août 2018, le président de la République et sa majorité sont encore portés par l'élan réformateur de 2017. Emmanuel Macron aime à dire qu'il ne veut d'ailleurs pas réformer mais transformer le pays. Il y a bien eu l'affaire Benalla en juillet 2018, mais la perception semble en être revenue à ce qu'elle est : dérapage d'un homme et non affaire d'État. En entretenant ce scénario de l'affaire d'État, les oppositions ont réussi au passage à atteindre leur véritable but : torpiller la réforme constitutionnelle et toutes les réformes démocratiques qui l'accompagnaient.

À peine nommé, je suis pris à part par Bruno Le Maire et Gérald Darmanin, alors respectivement ministre de l'Économie, des Finances et de la Relance, et ministre de l'Action et des Comptes publics. : « Avec ton prédécesseur, nous avions un accord : lorsqu'il y a une mesure fiscale qui relève de la fiscalité écologique, c'est le ministre de l'Écologie qui la présente... et qui monte au front pour la défendre. Et justement, dans le projet de budget pour 2019, il y a une mesure écologique, c'est l'alignement des taxes sur le GNR par rapport à celle du gazole des automobilistes. » GNR : ces trois lettres ne disent rien au grand public mais sont familières des entreprises. La France adore les abréviations et autres acronymes : GNR pour gazole non routier. Flairant le piège politique que mes deux collègues me tendent l'air de rien, entre deux portes, je réponds tout de go que je n'ai jamais entendu un tel accord entre nos ministères respectifs et que, en l'occurrence, je veux bien défendre ce qui relève de la fiscalité écologique mais pas assumer les astuces de Bercy pour boucher les trous dans le budget... Ayant été cinq ans à la commission de finances de l'Assemblée entre 2007 et 2012, je connais par cœur ces ficelles. Et cette hausse des taxes sur le GNR n'a rien à voir avec la fiscalité écologique mais tout à voir avec la recherche de recettes nouvelles. En effet, cette taxe nouvelle – ou plutôt la fin d'une détaxation ancienne – n'aura aucun effet écologique à court terme : elle touche des secteurs où il n'y a pas d'autres motorisations disponibles que les moteurs diesel. Sont concernés essentiellement des engins de chantier des entreprises du secteur du bâtiment et des travaux publics. Bruno Le Maire, qui a été ministre de l'Agriculture sous la présidence de Nicolas Sarkozy, a bien pris garde d'exonérer les engins agricoles : il connaît la capacité de mobilisation des agriculteurs et de leurs syndicats. La SNCF, qui est déjà percluse de dettes et qui doit digérer la réforme du système ferroviaire, a obtenu que les locomotives diesel en soient également exonérées. Et la ministre des Transports m'avait fait part de ce que cela pourrait représenter pour le secteur du transport fluvial. Nous avions donc obtenu que les péniches en soient exonérées. Où l'on retrouve concrètement ce qu'avait dit Jacques Chirac avec son langage imagé : « Dans toute niche fiscale sommeille un chien qui est prêt à aboyer, voire à mordre si on vient le déranger » !

Pour faire rentrer 900 millions d'euros par an dans les caisses de l'État, les fonctionnaires de Bercy y sont allés franchement : alignement des taxes sur le GNR par rapport au gazole routier en... un an. On dit par facilité « les fonctionnaires de Bercy », mais il faut toujours rappeler que si l'idée leur en revient, c'est non seulement le résultat d'une commande politique – il faut boucher les trous dans le budget – mais aussi et surtout une mesure passée au tamis des cabinets de plusieurs ministres et du Premier ministre et, surtout, validée par les ministres eux-mêmes.

Cette histoire de GNR suscitera évidemment la mobilisation des professionnels concernés – avec un argument de poids que je fais vérifier par mon cabinet : il n'existe des engins de chantier qu'avec des moteurs diesel. Aucun constructeur ne propose d'autres motorisations, notamment électriques. Les députés de la majorité relaieront à juste titre cette préoccupation. Lorsque le Parlement examinera le texte, un étalement dans le temps de cet alignement de taxes sera heureusement adopté.

Mais cet épisode n'est rien à côté de ce qui va se passer autour du prix des carburants, à l'origine du mouvement des Gilets jaunes. En cet automne 2018, les prix du pétrole montent sur les marchés mondiaux, ce qui fait croître, avec quelques jours de décalage, les « prix à la pompe ». Comme souvent dans ces cas-là, chacun espère que cela ne durera pas. Les marchés mondiaux du pétrole sont volatils, et aux périodes de hausse succèdent toujours des périodes de baisse. Une première pétition contre les taxes sur les carburants avait pourtant été lancée pendant l'été 2018 par une certaine... Priscillia Ludosky, qui deviendra ensuite une des figures du mouvement des Gilets jaunes. Elle recueille d'ailleurs un nombre de signatures nettement plus élevé que la moyenne des pétitions lancées sur les plateformes internet spécialisées. Mais personne n'y prend garde. Et, surtout, personne n'y répond. Ce que Priscillia Ludosky ne manquera pas de me dire lorsque je la recevrai à mon bureau quelques semaines plus tard au plus fort du mouvement. Nicolas Hulot ne m'en dit pas un mot lors de la passation des pouvoirs.

Un remaniement gouvernemental intervient au début du mois d'octobre après la démission de Gérard Collomb alors ministre de l'Intérieur. Il prendra plus de deux semaines. Il éclipse de l'actualité politique la montée de la grogne sur le prix des carburants. Et un jour, un internaute a – sans doute sans en avoir pleinement conscience – une idée de génie en matière de communication : il propose aux automobilistes de protester contre le niveau des taxes sur les carburants en arborant un gilet jaune sous le pare-brise. Jean-Louis Borloo, lui-même ancien ministre de l'Écologie, me dira en riant : « C'est à cause de moi si vous avez eu cette crise des Gilets jaunes. C'est moi qui avais rendu obligatoire la présence d'un gilet jaune dans chaque voiture. À l'époque, j'avais été très critiqué, sans doute par ceux-là mêmes qui l'arborent aujourd'hui comme emblème de leur mobilisation... »

Très vite, le mouvement prend. Quand je rentre à Nantes, je vois bien que si on ne voit pas du tout de gilet jaune sous les pare-brise des voitures garées dans les rues de la ville, dès qu'on sort de l'agglomération on en croise beaucoup. Arrivent les premiers appels à manifestation sur les ronds-points. Connaissant bien les questions de circulation – et les ronds-points dont Nantes s'est fait une spécialité depuis plus de trente ans ! –, je me permets d'alerter au sein du gouvernement sur la dangerosité de rassemblements de ce type. Il sera très difficile de gérer la circulation normale des véhicules, et la sécurité des manifestants comme des automobilistes. Le caractère spontané et inorganisé du mouvement, qui part de groupes Facebook, ajoute à la difficulté de sécuriser les points de rassemblement. J'ai en mémoire les « apéros Facebook » lancés près de dix ans auparavant qui avaient souvent mal tournés, notamment du fait que personne ne se sentait responsable de leur organisation. Je suis étonné de voir que personne ne semble avoir au sein du gouvernement la mémoire et l'expérience de ces épisodes. La tonalité générale est à la minimisation du risque et au laisser-faire en attendant de voir comment cela se passe. On nous dit que tout sera géré par le ministère de l'Intérieur et que toute la communication lors du premier samedi sera faite par Christophe Castaner, alors ministre de l'Intérieur, qui adopte d'ailleurs un ton très conciliant. Avec Élisabeth Borne, la ministre déléguée aux Transports auprès de moi, nous activons discrètement au ministère un PC sécurité des routes. Nous disposons en effet des remontées d'information de tout le territoire par les fonctionnaires en charge du suivi de l'état du réseau routier. Nous sommes sur le qui-vive. Et nos craintes s'avèrent malheureusement très rapidement justifiées. Un accrochage a lieu entre une automobiliste qui doit conduire ses enfants à un rendez-vous médical et un petit groupe de Gilets jaunes sur un rond-point : l'accident est grave et une manifestante sera tuée. Comparée à des mobilisations organisées par des réseaux structurés, comme des associations, des syndicats ou des partis politiques, la mobilisation est, dès le premier samedi, un succès avec plusieurs centaines de milliers de participants répartis partout en France.

Le lundi 12 novembre, je suis en déplacement pour honorer la mémoire de Georges Clemenceau, en Vendée d'abord, puis au lycée qui porte son nom à Nantes : des enseignants m'avaient demandé d'y intervenir quand j'étais encore président de l'Assemblée nationale et je tiens à honorer cet engagement bien qu'ayant entre-temps changé de fonction. Clemenceau, qui entre autres fonctions a été ministre de l'Intérieur, avait été critiqué en son temps par une partie de la gauche – dont il était issu – pour sa volonté d'assurer le maintien de l'ordre... Clin d'œil de l'histoire au début d'un mouvement qui se caractérisera par beaucoup de violences et autant de problèmes de maintien de l'ordre.

Le reste de mon déplacement était prévu en Vendée autour du développement de la voiture électrique grâce au volontarisme des collectivités locales. À peine arrivé à La Roche-sur-Yon, le préfet m'informe que les groupes Facebook de Gilets jaunes appellent à suivre mon déplacement et à tenter de le perturber. Je lui dis que nous maintenons le programme mais que je veux aller au contact d'un de ces groupes. Avant de me rendre à une concession automobile Renault qui a de très bons chiffres de vente de voitures électriques, je fais arrêter le convoi ministériel et je descends de voiture – à la sortie d'un rond-point ! – pour tenter un échange direct. Les journalistes qui m'attendaient à l'entrée de la concession accourent pour ne pas perdre une miette de cet échange. Le groupe d'une quinzaine de personnes présentes a désigné trois personnes pour discuter, deux femmes et un homme. L'homme est assez agressif et ne s'intéresse qu'au fait de savoir si je roule en voiture électrique – je lui dis que c'est le cas au ministère où je fais tous mes déplacements courts en Renault Fluence, un modèle de plus de sept ans d'âge, qui fait un peu honte au chauffeur et à l'officier de sécurité, mais qui répond parfaitement à ce besoin. L'homme refuse obstinément de me croire... Les deux femmes l'écartent de l'échange car elles veulent avoir une vraie discussion, qui se révèle très politique. Elles me parlent pendant à peine une minute des prix des carburants mais elles embrayent très rapidement sur les problèmes de pouvoir d'achat et de niveau des impôts en général : elles ont toutes les deux un travail stable et un salaire supérieur au SMIC. Mais elles me disent qu'elles doivent sacrifier les loisirs et les vacances car, avec toutes les dépenses contraintes, elles ont du mal à y arriver. Je ne suis malheureusement pas surpris par ces récits. J'entends cela depuis de nombreuses années dans ma circonscription. La crise de 2008 et les augmentations d'impôts, d'abord à la fin de la présidence de Nicolas Sarkozy et au début du quinquennat de François Hollande, ont considérablement rogné le revenu des classes moyennes. La taxe carbone devient le symbole de ce trop-plein d'impôts. Cet échange improvisé fait que je suis, sans l'avoir voulu ni calculé, le premier membre du gouvernement à dialoguer directement avec des Gilets jaunes.

Dès le début de cette crise, je prends le parti de monter en première ligne. Même si les arbitrages sur la taxe carbone ont été rendus au tout début du mandat quand Nicolas Hulot était ministre de l'Écologie, j'assume les choix faits par le Président et le gouvernement. La fiscalité carbone n'est pas le seul levier d'action, mais c'est un des leviers importants pour la politique climatique de la France. À chaque conférence internationale sur le climat, la question qui revient le plus est celle du prix à donner au carbone : derrière cette expression théorique, il y a évidemment la question de la taxe carbone. Et je trouve encore une fois que le job de ministre ne consiste pas seulement à obtenir des décisions mais aussi, ensuite, à les mettre en œuvre, à les expliquer et, le cas échéant, à les adapter si on voit que c'est utile. Je constate vite au début de cette crise que je me sens un peu seul à faire ce travail de « service après-vente » : un peu seul au gouvernement, un peu seul dans le champ politique et, c'est le comble, très seul dans la galaxie écologiste : où sont les Verts qui réclament à cor et à cri depuis des années une « fiscalité écologique » ? Yannick Jadot, aveuglé par son opposition systématique à Emmanuel Macron – Nicolas Hulot m'avait dit : « Lui, c'est le pire » –, va jusqu'à lancer que le gouvernement « fait les poches des automobilistes » : on croyait entendre Nicolas Dupont-Aignan... Quant aux associations environnementalistes, elles sont aux abonnés absents alors qu'elles demandaient encore quelques semaines auparavant qu'on alourdisse tous azimuts la fiscalité écologique sur les carburants... Même au sein de mon cabinet, certains me disent que je devrais en quelque sorte me mettre à l'abri et que, après tout, les ministres de Bercy pourraient monter au créneau puisque la hausse de la taxe carbone décidée en 2017 l'avait été aussi et surtout pour boucler le budget, et notamment compenser les pertes de recettes telle la suppression progressive de la taxe d'habitation – chose qui n'a jamais été dite à l'époque...

Je me souviens des paroles d'Emmanuel Macron lorsqu'il m'avait nommé : « Va au contact direct avec les gens, même et surtout quand il y a des désaccords. » J'applique cette recommandation que j'ai toujours suivie dans tous les mandats que j'ai exercés. J'ai en mémoire les citoyens qui m'engueulaient à Nantes quand il y avait des embouteillages... Je sais d'expérience que toucher à la voiture en France ne se fait jamais facilement.

Quelques jours plus tard, je profite d'une réunion avec le Président pour lui proposer de recevoir une « délégation » de Gilets jaunes au ministère pour tenter d'entamer un dialogue. Emmanuel Macron me donne immédiatement son feu vert. Contacter les Gilets jaunes ne fut pas une mince affaire puisqu'il n'y avait aucune organisation. Mon chef de cabinet se met en quatre avec quelques conseillers, et rendez-vous est pris avec huit personnes se réclamant du mouvement des Gilets jaunes. Les nouvelles vont vite dans les groupes Facebook du « mouvement ». Et, très vite, ceux qui ont accepté sont contestés, voire dénoncés : rencontrer un ministre semble être déjà une trahison aux yeux de certains. Finalement, seuls Priscillia Ludosky et Éric Drouet accepteront de venir au ministère. Ils refusent d'être considérés comme des porte-parole et se présentent comme messagers. En guise de « revendications », ils ont mis bout à bout des propositions qu'ils ont recueillies sur Facebook. C'est disparate et souvent contradictoire. Des mesures sur les impôts et taxes côtoient des propositions qui se veulent écologiques comme l'interdiction immédiate du glyphosate ou de l'huile de palme, ou des mesures institutionnelles comme le référendum d'initiative citoyenne le fameux RIC qui deviendra un des axes prioritaires du mouvement, ou encore la suppression du Sénat. Cela n'empêchera pas des sénateurs de demander au gouvernement la mise en œuvre des revendications des Gilets jaunes – à l'exception de celle le concernant.

Avant que le dialogue ne s'instaure autour de la grande table de mon bureau, Éric Drouet demande que la réunion soit filmée par une ou plusieurs caméras présentes – les journalistes sont nombreux à attendre à la porte de mon bureau. Mais je refuse toute mise en scène. Sur le moment, je ne remarque pas qu'Éric Drouet a glissé son smartphone dans une poche extérieure de veste. En cours d'entretien, je suis un peu intrigué par le fait que ce téléphone émet en permanence un reflet lumineux dans cette poche. Nous comprendrons plus tard que tout est en fait diffusé en Facebook live, mais dans de très mauvaises conditions. Les visages sont souvent invisibles ou coupés, et les voix ne sont pas toujours audibles. Rétrospectivement, j'ai regretté qu'il ne m'ait rien dit, que nous n'ayons pas diffusé ce dialogue en Facebook live dans de bonnes conditions. Les journalistes qui ont décortiqué *a posteriori* ce qui ressortait de cet échange ont en effet été frappés par le fait que le dialogue était franc, direct et respectueux de part et d'autre. Ils ont bien noté également que je leur disais exactement la même chose que ce que je disais publiquement. Quelques jours plus tard, nous tentons de rééditer l'exercice avec le Premier ministre : seuls deux Gilets jaunes viendront, dont un qui souhaite rester anonyme et un autre qui met comme condition cette diffusion en Facebook live : ce dernier nous quitte manifestement à regret quand Édouard Philippe refuse sa demande. Celui qui reste nous alerte sur la violence contenue dans le mouvement. Il a lui-même peur...

Lors de l'échange au ministère, je suis frappé qu'une fois encore la taxe carbone soit peu évoquée : c'est le niveau général des impôts qui est dénoncé. Éric Drouet me dit que le mouvement va forcément se structurer. Je lui fais remarquer qu'il faudra alors gérer une organisation avec des représentants, ce qui ne sera pas simple : la suite le confirmera, un climat de défiance régnant dans ce mouvement, y compris de Gilets jaunes vis-à-vis d'autres Gilets jaunes – d'où l'impossibilité de désigner des porte-parole.

À la sortie de mon bureau, sur le perron du ministère, Priscillia Ludosky ne veut pas s'exprimer. Quant à Éric Drouet, il en profite surtout pour appeler à un nouvel « acte » du mouvement, en manifestant cette fois à Paris. Si les ronds-points restent des lieux de présence et de visibilité pour le mouvement, il se déplace vers les grandes villes, dont Paris, avec des manifestations qui prennent immédiatement un tour assez violent. Nos samedis seront rythmés par ces manifestations qui rendent les déplacements très difficiles : je le constate à Nantes comme à Paris. Compte tenu de la gravité de la situation, je préfère renoncer à me rendre à un match de foot du PSG que j'avais pourtant promis à mes enfants depuis de nombreuses semaines. Mon fils alors âgé de sept ans en gardera une dent contre les Gilets jaunes. Cela ne s'arrangera pas quand ma petite maison de vacances sur l'île d'Ouessant à la pointe de la Bretagne sera taguée avec un grand « GJ vaincra ». Ces événements viendront nous rappeler que l'exercice des responsabilités empêche de fait d'avoir une vie normale... Je suis néanmoins frappé, y compris dans le dialogue avec Éric Drouet et Priscillia Ludosky, par le fait que les gens en colère, s'ils s'en prennent à tous les représentants des institutions et pas seulement au pouvoir en place, ne s'adressent qu'au chef de l'État.

Ayant payé de ma personne dès le début de cette crise, je suis associé par le Président à toutes les réunions. Nous nous retrouvons ainsi le dimanche 2 décembre au matin alors qu'il rentre d'un sommet international en Argentine et que, la veille, l'Arc de triomphe a été attaqué et en partie saccagé. Je l'alerte sur le fait qu'il ne faut pas s'en tenir aux discours officiels du ministère de l'Intérieur qui parle de mouvements d'extrême gauche, d'extrême droite ou de black blocs qui se seraient infiltrés dans les manifestations : j'ai moi-même été témoin devant le ministère le samedi après-midi de groupes de plusieurs centaines de Gilets jaunes qui étaient venus avec des boucliers, des lunettes de ski voire des casques, autrement dit avec l'attirail de personnes qui veulent en découdre avec les forces de l'ordre. Si des extrémistes de tous bords peuvent évidemment s'y greffer, il y a une violence profonde contenue dans ce mouvement. Nous faisons face à un phénomène inédit dans l'histoire, pourtant riche, des mobilisations sociales en France : un mouvement né sur Facebook, réseau social qui est parfois un défouloir assez violent et sur lequel des groupes se constituent grâce à des algorithmes rapprochant les personnes qui pensent la même chose.

Nous sentons qu'il va falloir une réponse de grande ampleur pour faire retomber la fièvre. Très vite, dans les discussions interministérielles, les uns et les autres convergent vers sinon l'abandon de la taxe carbone, en tout cas sa suspension. Au-delà du simple fait que je regrette ce qui serait une mauvaise chose quant à la politique de la France pour le climat, je ressens depuis le début que les « revendications » du mouvement, certes confuses, convergent autour de la question du pouvoir d'achat et du niveau général des impôts. J'enrage que les réunions interministérielles n'aient pas retenu mes propositions d'accompagnement : suspension temporaire de la taxe carbone quand les prix du pétrole et du gaz flambent sur les marchés mondiaux, création d'un chèque déplacement pour les ménages les plus modestes n'ayant pas d'autres choix que la voiture pour aller au travail, et affectation totale du produit de la taxe carbone au financement des transformations écologiques. J'avais été frappé dans tous mes échanges avec des citoyens que, au-delà du paiement de la taxe elle-même – qui ne représente que quelques centimes sur chaque litre d'essence –, il y a une exigence de fléchage des recettes vers l'écologie et non pas vers le budget général. Quand j'avais plaidé pour le chèque déplacement, le directeur de cabinet du Premier ministre avait eu cette protestation : « On ne va quand même pas créer une nouvelle aide sociale. »

Les premières annonces du Premier ministre pour tenter de résoudre la crise sont centrées sur le coup d'arrêt à la fiscalité écologique. Comme on pouvait le craindre, elles n'ont pas l'effet escompté. D'autant plus que le Premier ministre a semblé laisser planer une ambiguïté sur la reprise de la trajectoire de hausse de la taxe carbone. Alors que je suis en route pour un débat avec des Gilets jaunes sur BFMTV, je découvre que « l'entourage du Président » a fait savoir aux médias que c'était bel et bien une suspension de toute hausse de la taxe carbone. Je ne peux pas me permettre de participer à ce débat qui s'annonce chaud – et il le sera – sans que la position du gouvernement que je représente soit claire. Pour en avoir le cœur net, je décide d'appeler le Président directement. Comme il ne décroche pas, je lui envoie un SMS. Quand il me rappelle, je suis dans la salle de maquillage de BFMTV où les portables ne passent pas... Juste avant d'entrer en plateau, j'arrive à le joindre et il me demande d'être très clair, et m'autorise à mentionner que nous nous sommes appelés. J'en profite pour lui dire que j'apprécie peu de voir certains ministres qui sont restés aux abris au début du mouvement multiplier les déclarations sur l'écologie incitative, sachant que ce sont parfois les mêmes qui, dans les réunions interministérielles, plaident contre les aides à la transition écologique au motif que cela coûte trop cher...

Une semaine plus tard, le président de la République devra monter lui-même au créneau par une déclaration solennelle à la télévision dans laquelle il fait des annonces fortes sur le pouvoir d'achat et la baisse des impôts. C'est ce qui fera retomber la tension dans le pays : ou comment on découvre un peu tard que la taxe carbone n'était pas la préoccupation principale des Gilets jaunes. D'autant plus que, entre-temps, les prix du pétrole sur les marchés mondiaux avaient commencé à baisser.

Le Président annonce aussi qu'il lance le grand débat. Je suis un fervent soutien de cette initiative dès le début car je crois utile de sortir de ce face-à-face avec un mouvement inorganisé. Je suis convaincu qu'il faut se remettre en position de dialoguer avec les citoyens dans leur diversité. Les Gilets jaunes disent : « Nous sommes le peuple », alors qu'ils n'en sont évidemment qu'une fraction. Seuls, l'entre-soi des bulles des réseaux sociaux et les cortèges hebdomadaires peuvent les enfermer dans cette illusion « d'être le peuple », phénomène qu'on retrouvera quelques années plus tard avec le mouvement anti-pass sanitaire... Pour l'heure, comme le dit le Président, il faut passer du rond-point à la salle municipale.

Beaucoup de ministres sont farouchement opposés à cette idée. D'abord, parce qu'ils ne croient pas à l'utilité du dialogue citoyen. D'autres craignent que ce ne soit un cadre dont les oppositions vont s'emparer. Certains vont même jusqu'à imaginer que les élus locaux vont en organiser pour mieux nous piéger, nous mettant en situation d'être seuls contre tous. Est-ce cette perspective qui plaît justement au Président ? En tout cas, il excellera dans cet exercice, passant des heures à écouter et à répondre avec toujours l'idée d'expliquer et de convaincre. L'organisation du grand débat et du questionnaire permet aux ministres opposés de tenter d'en limiter la portée. Ils essaieront d'utiliser la fragilisation de Chantal Jouanno, présidente de la Commission nationale du débat public – lui a-t-on d'ailleurs tendu un piège ? – pour tenter de torpiller le grand débat lui-même. L'organisation finit par être confiée à une petite équipe placée sous la houlette de Sébastien Lecornu et Emmanuelle Wargon qui est secrétaire d'État auprès de mon ministère. Cela permet d'aller au bout du processus dans le sens que nous avions voulu lui donner, avec le Président.

Je choisis pour ma part d'y participer directement et discrètement. Je préviens en général au dernier moment les maires organisateurs que je souhaite assister à la réunion publique et que je ne prendrai la parole que si les participants le souhaitent. En tant qu'élu d'une grande ville, je choisis de privilégier les débats dans les petites communes rurales ou périurbaines. J'irai de la Haute-Saône au Gers en passant par la Corrèze. Ce sera un bel exercice de dialogue, et, à de rares expressions près, les gens, très divers, se sont exprimés et se sont écoutés. Les Gilets jaunes qui y participaient ont eu un peu de mal à admettre qu'ils ne représentaient pas le peuple, que le peuple français est divers et riche d'opinions très différentes, mais cela a clairement cassé ce face-à-face malsain entre les ronds-points et le pouvoir en place. Je suis frappé par le fait que les sujets écologiques reviennent souvent avec l'idée que les gens veulent s'en emparer.

Et je suis convaincu que cela a permis de faire retomber la tension très forte qui avait traversé le pays pendant plusieurs semaines.

Personne ne saura jamais si le mouvement des Gilets jaunes serait né s'il n'y avait pas eu auparavant la baisse à 80 km/h de la vitesse maximale autorisée sur toutes les routes nationales et départementales (au lieu de 90).

Personne ne saura jamais si cela se serait passé autrement si on avait gardé une trajectoire plus progressive de la hausse de la taxe carbone.

Et, dans le fond, peu importe : ce qui compte, c'est d'être capable de tirer les leçons d'une telle crise et surtout de s'adapter au lieu de ressasser indéfiniment les mêmes slogans, comme le font les leaders du cartel Vert, qu'ils soient politiques ou associatifs.

Ils peuvent d'autant plus le faire qu'ils refusent de se confronter à l'exercice de la mise en œuvre des politiques de transformation écologique. Ils s'exonèrent de la confrontation au réel. Rien n'est finalement plus simple, et plus confortable, que de pérorer sur les « solutions aux crises écologiques », que d'en appeler à la

« radicalité », sans jamais se confronter à ce qui est souvent le plus imprévisible : la perception des mesures prises, perception aussi diverse que les citoyens français sont divers.

# La bascule

J'étais ministre de l'Écologie. Et puis, en une semaine, cette semaine de l'été 2019, tout s'est interrompu. Comme si tout ce que j'avais patiemment construit depuis près de vingt ans s'était effondré, avait été réduit à néant. Ce fut en tout cas mon sentiment sur le moment.

Échoué sur le rivage, j'ai repris mon activité de député. Un député qui débarquait dans une Assemblée où chacun avait trouvé sa place, où chacun s'était investi sur les sujets qui lui tenaient à cœur. Un député qui, les premiers temps, avait du mal aussi à reprendre pied avec la circonscription, à aller à la rencontre des gens – non que j'aie eu à faire face à des récriminations ou des attitudes agressives, bien au contraire : dans la rue, on m'arrêtait plutôt pour témoigner d'un soutien, ou pour échanger des paroles bienveillantes. Fort heureusement, la haine et la violence des réseaux sociaux se rencontrent rarement dans la vraie vie. Mais je lisais dans les regards des interrogations, dans les « Comment allez-vous », je percevais des questionnements plus profonds. Et j'ai toujours eu du mal à m'épancher ou à exprimer mes émotions à autrui. Dans la rue ou lors d'échanges interpersonnels, les gens me parlaient d'injustice, c'est le mot qui revenait le plus souvent. Dans les médias, si jamais je reprenais ce terme, j'avais droit à un tombereau de critiques voire d'insultes. Là encore, le passionnel et l'émotionnel l'emportent sur l'approche rationnelle. Et rares sont les journalistes qui remettront rationnellement les choses en perspective – c'est pourtant justement un de leurs rôles.

Alors, je me suis remis au travail parlementaire, et le temps a fait son œuvre.

Au sein de mon groupe politique, j'ai beaucoup écouté ces nouveaux députés, dont certains étaient en demande de conseils, ou juste d'une oreille attentive. J'ai revu d'anciens collègues du gouvernement, repris le chemin de la commission, de l'hémicycle. Quand la crise sanitaire a débuté, j'ai dû, comme tous les élus, réinventer une manière d'exercer le mandat : multiplié les visioconférences avec les acteurs associatifs, éducatifs, économiques, sociaux du territoire. Je me suis investi dans la préparation du texte de loi sur les principes républicains – la question laïque ayant été au cœur de mon travail politique depuis des années. J'ai repris pied avec le mouvement, avec ses instances locales, travaillé sur le projet régional.

Tout cela m'a pris beaucoup de temps. Mais rien à voir avec ce qu'on appelle généralement – et à juste titre, tant le rythme est effréné quand on est membre du gouvernement – un « agenda de ministre ».

Alors, quelques semaines après « l'affaire », j'ai commencé à écrire – juste pour sortir ce que l'expérience de ces années passées avait accumulé en moi. Pour ne pas perdre le fil. J'ai d'ailleurs relu ces notes avant de me lancer dans la rédaction de ce livre. Mais, quelques mois après ma sortie du gouvernement, les discussions avec les éditeurs tournaient toujours autour du même sujet, l'un d'eux m'ayant même dit crûment qu'il attendait de moi « un pamphlet contre Mediapart ». Je n'avais pas envie de cela. Mon combat, ce n'est pas Mediapart. Mon combat, c'est l'écologie.

Alors, plutôt que de prendre le risque de trop écrire, ou d'écrire sans but, j'ai fait le choix de beaucoup lire. De me renseigner, d'échanger avec des acteurs politiques mais aussi des scientifiques, des membres de think tanks.

Cet exercice d'introspection et de confrontation aux autres m'a amené à aborder de nombreux sujets. Et c'est principalement sur les questions d'écologie, qui avaient motivé mon engagement politique mais dont je sentais bien qu'elles nécessitaient d'être repensées, que s'est consacrée mon attention : parce que le temps avait passé, que les problématiques n'étaient plus les mêmes, que les enjeux s'étaient déplacés, que certaines approches que j'avais pu épouser ne correspondaient pas aux réalités auxquelles j'avais été confronté dans l'exercice de mes fonctions.

L'exercice du pouvoir m'a permis de mesurer à quel point nos sociétés démocratiques sont de moins en moins facilement « pilotables » par le pouvoir politique. À quel point le respect de règles collectives est difficile à atteindre. Il existe un mal français, qui se caractérise par un consensus large pour l'idée du changement, qui vole en éclats dès lors que le changement atteint les organisations dans leur fonctionnement, ou les individus dans leur vie quotidienne.

Face au brouhaha médiatique, aux grandes confusions entretenues sur les questions écologiques, il est temps de reposer les problèmes de façon analytique, en acceptant de remettre en question des positions qu'on a parfois défendues depuis longtemps, mais dont la réalité démontre l'inaptitude à répondre aux crises écologiques. Il est encore temps.

Finalement, je crois que j'ai mis mes idées assez au clair pour pouvoir exprimer cette vision d'une autre écologie, dont je pressentais la nécessité sans avoir eu l'occasion de la coucher sur le papier.

Je ne sais pas si je dirai « stop » à la politique, ni quand, mais une chose est sûre, je ne la quitterai pas avant d'avoir, « encore », parlé d'écologie.

# Proposer

# Et si l'écologie politique autonome était une impasse ?

Une chose est de décrire comment je suis venu à l'écologie. C'est un travail d'introspection dans lequel certains se reconnaîtront peut-être, mais qui n'a pas de portée générale.

Une autre chose est de tenter de comprendre comment tant de Français sont venus à l'écologie, soit qu'ils se reconnaissent dans une famille de l'écologie politique, soit qu'ils fassent des questions environnementales un paramètre important dans leurs choix politiques.

J'ai longtemps pensé (et parfois professé) que l'écologie était probablement la seule pensée politique réellement nouvelle qui se soit développée au cours des quarante dernières années dans notre pays. Si on examine le spectre politique, on est frappé de voir que la plupart des forces qui animent le débat public ont des racines qui plongent profondément dans notre histoire : de l'extrême gauche anarchiste à l'extrême droite nationaliste, en passant par les différentes nuances du socialisme (du communisme à la social-démocratie), par les familles libérales orléanistes, par la droite bonapartiste ou légitimiste, les éléments du tableau politique français sont en place depuis plus d'un siècle. Au gré des événements, des mouvements de l'opinion, des évolutions sociologiques, de la marche du monde, de l'apparition aussi de personnages politiques marquants et charismatiques, les uns ou les autres gonflent, jusqu'à devenir majoritaires, retombent, faisant la place à l'un des autres, avant de revenir sur le devant de la scène. Le panorama prend la forme de dénominations partisanes différentes, mais le substrat idéologique demeure relativement stable. Même les mouvements tectoniques plus brutaux, de Mai 68 aux Gilets jaunes, peuvent être rattachés à ces familles politiques séculaires ou analogues à des moments de notre histoire, qu'on pense à la Commune ou aux mouvements poujadistes : il en est des idées politiques comme de la nature, rien ne se crée, tout se transforme.

Et puis est venue l'écologie, dont l'irruption sur la scène politique peine à être directement raccrochée à une école de pensée préexistante. L'écologie constitue-t-elle, comme je l'ai longtemps envisagé, une pensée nouvelle, autonome, résistant aux grilles de lectures classiques de la vie politique ? Ou n'est-elle qu'une réponse circonstancielle à une préoccupation spécifique, liée à l'émergence de crises nouvelles – celle du climat, celle de la perte de biodiversité – qui va finalement irriguer toutes les philosophies politiques préexistantes, chacun élaborant des solutions conformes à son propre logiciel de pensée ?

Je dois reconnaître que mon expérience de militant, d'élu, puis de responsable politique m'a fait évoluer sur la question.

Parce qu'elle posait des questions nouvelles, autour de problématiques d'une ampleur inédite (un effondrement de la diversité biologique tel que certains scientifiques parlent de « nouvelle extinction », un bouleversement du climat sans précédent, moins d'ailleurs dans son ampleur que dans sa rapidité et dans ses causes, partiellement liées aux activités humaines de l'ère industrielle), j'ai d'abord pensé que l'écologie pouvait imposer une pensée politique en soi, différente et réellement nouvelle dans le panorama des familles politiques. Elle ne se limitait pas à la simple expression de motivations ancestrales (la volonté de préserver un patrimoine naturel, la conscience des bouleversements que font subir à la nature tous les nouveaux modes de vie et de production), qui irriguent la pensée politique depuis la nuit des temps. Cette aspiration à la préservation, plutôt conservatrice, a inspiré, dans la vie politique française contemporaine, plutôt des mouvements de droite : ce fut le fameux « la terre ne ment pas » pétainiste, qui résonne avec la revendication récurrente d'un retour à une « loi naturelle » la plupart du temps fantasmée. La gauche, elle, était à l'origine par nature plus apte à vénérer le progrès scientifique et technologique. Il y avait à cela des raisons philosophiques : la gauche pratiquait plus le culte de la Raison que la soumission à un ordre divin. Il y avait aussi des raisons sociales : science et technologie ont, dans de nombreux cas, permis de soulager les travailleurs de tâches ingrates et éreintantes.

Mais l'avènement de l'écologie politique au cours des cinquante dernières années était d'une autre nature qu'une simple réflexion sur notre rapport à la nature : il reposait sur des analyses scientifiques de l'évolution de la planète, et des milieux, qui ont mis en exergue le caractère totalement inédit de l'ampleur, de la rapidité, de l'irréversibilité des changements en cours et identifié des causes de ces changements dans l'activité humaine. Il exerçait un rôle d'alerte, pour focaliser l'attention de l'opinion publique sur des crises identifiées (par les scientifiques), mais en grande partie alors ignorées, ou sous-estimées.

Ces analyses scientifiques, on en touchait d'ailleurs la réalité du doigt en constatant que des paysages familiers, dont on pensait la forme immuable, en tout cas à l'échelle d'une vie humaine, ont commencé à changer : des neiges qu'on croyait éternelles se sont mises à fondre l'été, des glaciers millénaires se sont rétrécis d'année en année, des côtes ont reculé inexorablement sous l'effet de la mer, la faune et la flore se sont raréfiées. Plus récemment, on a pu constater la multiplication d'épisodes climatiques exceptionnels, dans leur durée comme dans leur intensité, la raréfaction des ressources en eau, l'air qui se fait moins pur et plus pollué, influant sur la santé humaine et la qualité de la vie. Et l'écologie par la science a fait la place à l'écologie par la peur. La responsabilité politique devrait conduire à toujours privilégier la science, qui libère, à la peur, qui emprisonne. Le mouvement écologiste français, parce qu'il a en grande partie fait le choix de ne parier que sur la peur pour se développer, au risque même de briser le consensus sur le rôle de la science, a peu à peu pris la posture de l'irresponsabilité.

Je crois que la bascule est là : tant que le combat écologiste consistait à alerter sur les risques, à appeler à écouter la voix des scientifiques, à commencer à porter des politiques publiques qui prennent en compte la question environnementale, l'unité politique des écologistes pouvait être vue comme une nécessité – c'est en tout cas comme cela que je voyais les choses. Mais dès lors que la conscience est répandue dans l'opinion, que les questions environnementales sont inscrites à l'agenda politique, les choses changent.

J'ai cessé de penser que l'écologie devrait être l'apanage d'un mouvement politique, en premier lieu parce que ces enjeux s'imposent à toutes les familles politiques, à tous les gouvernements.

Au cours de ces quinze ans de vie politique nationale, j'ai vu toutes les familles politiques évoluer sur les questions écologiques, se saisir des enjeux et élaborer des réponses (quoi qu'on puisse penser de la pertinence de ces réponses) aux grands défis environnementaux. C'est en grande partie le cas à gauche : les Insoumis ont ajouté les crimes écologiques à la liste des tares du capitalisme et proposent, pour y remédier, leurs méthodes traditionnelles (quand bien même elles ont fait la preuve de leur inefficacité) : nationaliser, planifier, taxer, imposer. Le PS, qui a cessé de penser depuis longtemps et est devenu un patchwork idéologique assez peu identifiable, se contente désormais le plus souvent de reprendre, en en atténuant certains aspects radicaux, le discours et des propositions des Verts. À droite, des élus s'emparent de la question. Certains sont issus des rangs des maires républicains ou des conseils régionaux. D'autres siègent à l'Assemblée (on oublie que la moitié des députés républicains élus en 2017 n'étaient pas sortants). Ils avaient d'ailleurs eu des précurseurs comme Nathalie Kosciusko-Morizet, Alain Juppé, ou encore – même si elle fait tout pour le faire oublier – Corinne Lepage. L'écologie a même fait son apparition dans les discours et propositions de l'extrême droite. Laquelle rencontre les mêmes difficultés sur l'écologie que sur bien d'autres sujets : la complexité des choses est peu compatible avec les discours simplistes qui caractérisent la pensée du RN. La majorité présidentielle, en plus de son bilan, comprend des députés qui, bien plus que les observateurs politiques le notent généralement, ont une sensibilité très forte sur les questions environnementales. Il lui manque, probablement, et c'est un échec collectif dont je prends ma part, mais il n'est jamais trop tard pour s'y atteler, une vision claire et une capacité à s'extraire d'un prêt-à-penser qui stérilise le débat et éloigne souvent des solutions.

Toujours est-il que, de l'extrême gauche à l'extrême droite, dans le spectre des familles politiques françaises, les questions écologiques figurent désormais partout.

Et plutôt que revendiquer en permanence l'exclusivité de la « marque » de l'écologie, il faut à mon sens s'en réjouir. Car il est souhaitable que le même mouvement se produise partout sur la planète : nous en sommes aujourd'hui au point où il est impossible à tout gouvernement d'échapper aux enjeux du climat ou de la perte de biodiversité. Et où la conscience s'impose qu'il est impossible d'agir seuls. Les seuls gouvernements au monde qui ont tenté d'échapper à cette double contrainte – celle de l'urgence et celle de la coopération – n'ont d'autre choix que d'adopter la posture du déni le plus grossier devant le changement climatique ou les conséquences de la destruction des milieux naturels. L'épisode Trump aux États-Unis ou encore le Brésil de Bolsonaro illustrent tristement cette réalité. Mais comment ne pas voir que ces adeptes de l'aveuglement permanent devant les questions écologiques sont devenus, quoi qu'on en entende dire chaque jour, minoritaires ? Aujourd'hui, chaque pays, en fonction de sa situation propre, de ses ressources, de ses modes de production, tente d'élaborer ses solutions aux crises écologiques. Et c'est la coopération internationale, indispensable sur ces problématiques qui se jouent des frontières entre les États, qui vient fixer des objectifs partagés, chiffrés. Que l'écologie s'affranchisse de frontières partisanes ou nationales est donc non seulement un constat, mais c'est aussi une nécessité : nul ne peut envisager d'attendre que les principaux pays du monde soient dirigés par des écologistes pour agir ! Du reste, à l'épreuve du pouvoir, j'ai vu des responsables politiques évoluer : ce fut le cas de François Hollande, dont le moins qu'on puisse dire est qu'il n'était pas acquis aux problématiques écologistes. Au début de son mandat, l'écologie, c'étaient les trois phrases lâchées à la fin d'une conférence de presse, histoire de s'éviter le risque de froisser un allié électoral. Avec la COP21, son discours écologique s'est étoffé, sa conscience, à l'évidence, s'est forgée. Quant à Emmanuel Macron, son bilan environnemental, tant sur la scène nationale que dans le cadre de nos politiques publiques nationales, est à mon sens sous-estimé. Quiconque s'intéresserait aux comptes rendus succincts des rendez-vous du Président avec ses homologues serait surpris en observant l'évolution de la place des questions écologiques dans ces échanges. Leur évocation est devenue quasi systématique.

J'ai surtout cessé de penser que l'écologie devrait être l'apanage d'un mouvement politique parce que j'ai vécu, de l'intérieur, la transformation du principal parti écologiste français en une officine gauchiste, gangrenée par des idéologies radicales venues des États-Unis (racialisme, indigénisme, communautarisme exacerbé), réceptacle de groupuscules dont les combats n'ont rien à voir avec l'écologie. Je l'ai vu se détourner de la connaissance scientifique, cultiver une défiance maladive envers le progrès technologique. Je l'ai vu se réfugier dans des solutions paresseusement malthusiennes. Je l'ai vu se perdre dans des combats secondaires, les polémiques accessoires, incapable de se hisser à la hauteur des défis à relever. Bien loin de capitaliser sur la victoire culturelle à laquelle ils avaient contribué, j'ai vu Les Verts se transformer en une petite boutique de toutes les peurs. Je les ai vus se fondre dans un système politico-associatif, appelons-le le cartel Vert, qui passe le plus clair de son temps à veiller à sa survie plutôt qu'à entretenir et à renouveler la réflexion sur les enjeux environnementaux.

À l'image de ces entreprises franchisées qu'ils prétendent par ailleurs exécrer, les différentes structures de cette galaxie entendent faire de l'écologie une marque déposée dont elles revendiquent l'exclusivité. Une marque qui se distingue moins par la contribution qu'elle apporte aux crises du climat et de la biodiversité que par l'opportunité qu'elle offre à ses membres d'exister et à des idéologies à bout de souffle de perdurer. Marxisme mal dégrossi, anarchisme infantile, gauchisme stérile y trouvent une nouvelle jeunesse. La culpabilisation et la dénonciation tiennent lieu de solutions. La répétition d'un catéchisme vert tient lieu de réflexion. Toute pensée sur les crises écologiques n'a comme perspective que la labellisation ou l'excommunication. Les mêmes acteurs, aux rôles interchangeables. Les mêmes postulats, évidemment ininterrogeables au risque d'être considérés comme apostats. Les mêmes méthodes, faites de discrédit *ad hominem* et de désignation de coupables : bienvenue dans le cartel Vert. Un cartel qui a ses multinationales, ses maisons mères, ses franchises, dont l'autonomie est tolérée jusqu'à un certain point. Un cartel qui prospère (à tous les sens du terme), au fur et à mesure que les crises écologiques produisent leurs effets et s'imposent aux yeux de l'opinion. À tel point qu'on se demande parfois si la permanence des crises – et l'imminence des catastrophes – n'est pas, pour le cartel, un moteur de prospérité plus puissant que la recherche de solutions crédibles pour les combattre et les surmonter.

# « Déconstruire » – comme ils disent – le cartel Vert

Comment un mouvement a-t-il pu devenir, en quelques années, ce concentré de défiance envers la science et la technologie, qui pourtant en sont des fondements, et parfois même le refuge des théories complotistes les plus délirantes ?

Cette question me hante. Je veux essayer de lui trouver des réponses convaincantes, en évitant les jugements moraux. Juste en retraçant des événements que j'ai vécus. En décrivant des mécanismes que j'ai parfois, par aveuglement ou par manque de recul, contribué à entretenir. En tentant de donner à voir une histoire qui a été la mienne, mais dont j'ai pris conscience de la vanité, avant même de l'avoir réellement quittée.

Depuis une vingtaine d'années, la vie politique – qu'elle soit locale ou nationale – apparaît de moins en moins déterminée par des débats autour des grandes questions qui l'ont toujours façonnée : la lutte des classes, dans laquelle chacun tenait assez naturellement une position que sa situation lui assignait, a fait place à la lutte des causes, dans lesquelles chacun choisit ou non de s'engager.

On a ainsi vu se multiplier des causes locales, des causes sociétales, environnementales, sociales, culturelles, identitaires. Et, avec elles, des organisations « à objet unique », entièrement consacrées à la promotion d'une cause : des organisations qui cherchent à mettre la question qui les anime au cœur de l'agenda politique et médiatique, qui développent des « plaidoyers » destinés à promouvoir leurs propositions, qui ont pour objectif de recruter toujours plus d'adeptes de la cause.

Cette atomisation du débat politique se nourrit de phénomènes profonds qui bouleversent notre vie sociale : l'individualisme, le développement de la société des droits (au risque, parfois, d'oublier que celle-ci ne tient que par le respect, par chacun, de devoirs collectifs), la pratique même des technologies de l'information. Sur ce dernier point, comment ne pas voir à quel point les réseaux sociaux permettent à chacun de bâtir son journal du jour en piochant dans diverses sources (c'est la version la plus optimiste) mais nous exposent également à des informations de plus en plus souvent choisies par des algorithmes qui nous enferment dans nos certitudes et ne nous confrontent plus à des opinions différentes de la nôtre ? Plus on a d'informations, plus on a l'impression d'en savoir, moins on est amenés à douter : ce seul sentiment devrait nous mettre la puce à l'oreille. Il est l'exact opposé de ce qui fonde la Raison.

S'il est une famille politique française qui s'est développée dans ce contexte de causes minoritaires par nature, mais très actives par nécessité, et qui s'enferme dans ses certitudes, c'est bien la famille écologiste, c'est bien EELV.

Il suffit de parcourir les allées des Journées d'été écologistes pour mesurer l'importance de ces associations « alliées » dans la dérive des Verts français. Aux côtés d'associations historiques de protection de l'environnement, c'est une myriade de groupes de pression monothématiques (et parfois, il faut bien le dire, monomaniaques) qui se retrouvent pour l'occasion, afin de promouvoir la cause qui les a suscités. On y croise des apologues des médecines alternatives en lutte contre « Big Pharma » : les vaccins constituent souvent pour ceux-là l'ennemi absolu. On y croise des promoteurs de l'agriculture biodynamique, adeptes de l'anthroposophie (pensée philosophique développant une forme de spiritualité quasi religieuse, pour ne pas dire sectaire). On y croise des militants « antispécistes », en lutte contre la chasse, l'élevage, l'alimentation carnée. On y découvre des opposants aux ondes électromagnétiques (qui trouvent dans chaque avancée technologique, de la 2 à la 3 puis à la 4 et aujourd'hui à la 5G, l'occasion de nouvelles croisades et l'opportunité de faire de la norme précédente, qu'ils avaient pourtant combattue avec force, la solution la plus raisonnable face aux « dérives de la technologie »). On y croise les promoteurs d'une agriculture « intensive en bras » (c'est-à-dire renonçant à toute exportation, incapable de relever le défi démographique)... Tous ces mouvements, parfois groupusculaires, pèsent d'un poids considérable dans la ligne politique et les propositions des Verts français.

*A priori*, ils n'ont pas beaucoup en commun, chacun étant concentré sur son propre combat. En réalité, ils adoptent tous le même schéma de fonctionnement, que le parti a intégré dans son logiciel politique, par cynisme et calcul pour certains, par nécessité pour d'autres, par lassitude ou par paresse pour beaucoup.

Ce schéma commun repose sur une mécanique implacable : il suppose l'existence d'un doute dans l'opinion, sorte de graine qu'il va falloir cultiver, la présence de victimes réelles ou supposées capables de susciter l'émotion et l'identification du grand public, la désignation de coupables (de préférence puissants et riches), et il aboutit généralement sur une remise en cause de la connaissance scientifique.

Le plus paradoxal est que le doute initial plonge le plus souvent ses racines dans la science elle-même : c'est souvent la science qui met en évidence et révèle des dangers potentiels ou avérés, pour l'humanité ou pour l'environnement, de pratiques technologiques ou de produits. C'est à la science qu'on s'en remet lors d'affaires ou de scandales dans lesquels des intérêts économiques tentent de se soustraire à leurs responsabilités : l'industrie du tabac, l'industrie des pesticides, l'élevage industriel en ont fait l'expérience. C'est la science qui nous renseigne sur les retombées et les conséquences des accidents de Tchernobyl, puis de Fukushima qui ont mis au jour des vulnérabilités de l'industrie nucléaire.

Mais le résultat est que, bien loin de pousser le mouvement écologiste à concentrer ses efforts au renforcement des contrôles, à la multiplication d'études d'impact multifactorielles et de plus en plus poussées – seules solutions viables pour éviter que ne se reproduisent des scandales comme celui du Mediator ou de la vache folle, pour ne citer que ceux qui ont marqué le plus fortement l'opinion –, une partie des écologistes s'appuient sur ces affaires pour développer un discours hostile au progrès scientifique. Un discours qui fait de la technologie, par principe, un objet de défiance et potentiellement porteur de « dérives ». Des dérives qu'il s'agirait de combattre sans même qu'elles aient pu être avérées ou documentées scientifiquement par des faisceaux d'indices ou, au besoin, par des observations empiriques significatives.

On confond trop souvent cette approche avec celle du « principe de précaution », qui devrait être l'inverse de cette défiance.

Le principe de précaution, propre à la communauté scientifique pour l'établissement de ses limites à la recherche sur des sujets porteurs de dilemmes éthiques, a été introduit dans la loi française en 1995, comme principe de notre droit, à l'initiative du ministre Michel Barnier. Il est alors vu comme un principe essentiellement défensif : le code de l'environnement dispose que « l'absence de certitudes, compte tenu des connaissances scientifiques et techniques du moment, ne doit pas retarder l'adoption de mesures effectives et proportionnées visant à prévenir un risque de dommages graves et irréversibles à l'environnement à un coût économiquement acceptable ». En clair, pour le législateur de 1995, il s'agit de dire : « Quand on a un doute sur les conséquences que peut avoir une technologie sur notre environnement, n'attendons pas d'avoir la confirmation scientifique du doute pour nous prévenir du risque – à condition que cela ne remette pas entièrement en cause l'équilibre économique de l'usage de la technologie. » On voit bien la portée d'un tel principe, mais aussi ses limites : la notion du coût économique raisonnable introduit une donnée difficilement évaluable, et la question de l'évolution de l'évaluation scientifique du risque demeure peu explicite.

Dix ans plus tard, la Constitution française est modifiée, à l'initiative de Jacques Chirac, et la charte de l'environnement, adoptée un an plus tôt, assigne un périmètre plus complet et plus explicite au principe de précaution : « Lorsque la réalisation d'un dommage, bien qu'incertaine en l'état des connaissances scientifiques, pourrait affecter de manière grave et irréversible l'environnement, les autorités publiques veillent, par application du principe de précaution et dans leurs domaines d'attribution, à la mise en œuvre de procédures d'évaluation des risques et à l'adoption de mesures provisoires et proportionnées afin de parer à la réalisation du dommage. » Le principe de précaution ainsi défini n'interdit pas le recours à des technologies suspectes d'effets secondaires indésirables et nocifs à l'environnement : en revanche, il prescrit de mettre en œuvre des études scientifiques pour évaluer les risques, et permet au législateur de déclarer un moratoire sur l'usage technologique, afin d'éviter que ces effets indésirables ne surviennent avant que les connaissances scientifiques en aient identifié la réalité.

Ce principe de précaution, qui fait l'objet de tant de controverses, au point que François Fillon avait prévu en 2017 de s'en débarrasser purement et simplement, est souvent mal compris : il n'empêche pas les innovations, il les place sous l'œil de la science, qui doit sinon en démontrer l'innocuité, du moins permettre de concevoir et de mettre en œuvre des mesures susceptibles de maîtriser les risques qu'elles contribuent à faire naître.

Ce n'est pas le moindre des paradoxes : c'est en s'appuyant sur une lecture dévoyée du principe de précaution, qui met pourtant la science au centre de tout, que certains activistes qui gravitent dans la galaxie écologiste française en arrivent à rejeter systématiquement, les unes après les autres, les principales innovations technologiques, au mépris des données scientifiques.

Le mécanisme est toujours le même : on met en avant des phénomènes difficilement explicables (qui relèvent souvent d'ailleurs d'un ensemble de perceptions individuelles d'une réalité), on suggère un lien avec une technologie ou une pratique économique. De préférence, il s'agit d'une activité apparemment lucrative pour qui la met en œuvre, ce qui permettra de dénoncer le capitalisme « ennemi de l'Humain », quand ce n'est pas « de l'Humanité ». Suit l'étape de la dénonciation de l'absence d'étude scientifique concluante quant à l'inexistence de lien de causalité entre technologie et symptôme. Si des études existent, qui n'établissent pas ce lien de causalité, on met en doute leur qualité (soit en les considérant comme partielles, soit en jetant le discrédit sur leurs auteurs, accusés de collusion avec les acteurs économiques – les fameux « conflits d'intérêts »).

Au besoin, quand les études scientifiques viennent décidément trop combattre le doute entretenu, et sont trop rassurantes, on crée des centres de recherche « indépendants », qui pratiquent en toute impunité les conflits d'intérêts idéologiques – mais là, ça ne compte pas, ce ne sont pas des questions d'argent. Se demande-t-on jamais si on en est aussi certain de cela, de cette absence d'intérêt économique ? Quand des associations vivent de dons ou de subventions publiques déguisées (obtenues pour organiser des événements qui contribuent par ailleurs au fonctionnement des structures), emploient des salariés, financent des « études indépendantes » auprès de ces mêmes « laboratoires indépendants » ? Quand ces organismes créés *ad hoc* – ô surprise ! – sont souvent les seuls à abonder dans leur sens – alors même que tous les autres organismes de recherche ou de vigilance publics se déclarent incapables de conclure ?

Et que dire d'élus ou de responsables écologistes qui se saisissent d'un ou plusieurs de ces sujets, épousent une ou des causes totalement étrangères aux vrais combats écologiques, quand elles ne s'y opposent pas ? Combien d'élus écologistes deviennent ainsi les porte-étendards de causes accessoires, s'assurant alors une popularité certes circonscrite, mais très solide auprès de ces groupes de pression d'un nouveau genre ? Si Michèle Rivasi, députée européenne qui défraie l'actualité pour ses positions hostiles aux vaccins et pour ses outrances verbales (elle vient de comparer le pass sanitaire à l'apartheid !) a pu obtenir près de 45 % des voix à la primaire EELV de 2017, c'est à cette capacité à agréger des groupes de pression mobilisés autour de « causes », à s'appuyer sur les réseaux ainsi formés qu'elle le doit.

Ces groupes de pression sont généralement identifiés sous la dénomination générique d'ONG (Organisations non gouvernementales, ce qui veut tout et rien dire). Certaines d'entre elles font peser sur les élus des pressions de toutes sortes (depuis les mails envoyés en nombre qui bloquent les boîtes mails lors de l'examen de certains textes jusqu'à des actions beaucoup plus problématiques d'intimidations devant les permanences parlementaires). Des palmarès des élus « acquis ou alliés à la cause » ainsi que de ceux jugés « insuffisants » sont publiés. Ils sont désormais souvent repris par les médias sans aucun recul ou quand ce n'est pas par les acteurs politiques eux-mêmes. On se souvient du tweet de Jean-Luc Mélenchon relayant un de ces palmarès réalisés par l'association L214, qui attribuait à sa candidate à une législative partielle une note supérieure à son adversaire socialiste : « Si vous aimez les animaux voilà pour qui voter dimanche prochain. » Degré zéro du débat politique, mais logique de la sous-traitance des questions écologistes à quelques officines poussée à son paroxysme...

Le propos paraît trop général ? Prenons un exemple. Du vécu. L'exemple de la folie des ondes.

Dans les années 2000, le développement de la téléphonie mobile, suivi de l'Internet mobile, a modifié le paysage : on a vu se multiplier les antennes sur les toits ou dans les champs, destinées à assurer la connexion des usagers au réseau. Et avec ces nouvelles installations sont venues des interrogations : quel risque pour la santé ? l'exposition du cerveau des jeunes enfants aux ondes est-elle un facteur de danger pour leur développement ? Quels sont les niveaux d'exposition acceptables ? Ces questions, légitimes, il faut le dire, se sont souvent, dans un premier temps, heurtées à l'absence de réponse des opérateurs, tout occupés qu'ils étaient à développer leurs infrastructures. Pour les collectivités locales, les habitants porteurs d'interrogations étaient souvent considérés comme des obstacles à la couverture du territoire. Et les études demeuraient embryonnaires. De nombreux collectifs d'habitants se sont formés, qui ont trouvé dans les élus écologistes (dont j'étais) des oreilles attentives. Nous avons donc plaidé pour la mise en place de chartes de bonnes pratiques par les municipalités, pour que l'État finance des études scientifiques complémentaires. Et cela a été fait, le plus souvent. Ces efforts, malgré des données scientifiques de nature à rassurer sur le risque, n'ont toutefois pas entièrement calmé les choses, et la grogne a perduré, s'est parfois amplifiée, alimentée par des associations de « victimes », qui développent des syndromes inexpliqués de migraines sévères, de troubles de l'équilibre qu'elles attribuent aux ondes électromagnétiques. L'électrosensibilité est soudain devenue un sujet à la mode dans les rédactions. Un professeur français, médecin, à la tête d'un « centre de recherche indépendant », est en devenu la caution scientifique : peu importe qu'il soit isolé dans son approche et ses conclusions, peu importe que l'étude épidémiologique qu'il annonce depuis des années n'ait toujours pas fait l'objet de publication, son nom est systématiquement brandi comme caution des tenants de la nocivité des ondes électromagnétiques.

Comme beaucoup de militants écologistes, je me suis sans doute fait avoir : j'ai accordé des rendez-vous à des associations de lutte contre les méfaits des ondes. Je les ai écoutées m'affirmer que l'OMS avait reconnu la réalité de cette pathologie et j'ai lu les documents qu'elles m'ont transmis à ce sujet. J'ai appris que la Suède avait inclus cette électrosensibilité à la liste des pathologies donnant droit à l'équivalent du statut de travailleur handicapé. Et j'ai aussi appris qu'en France un tribunal des affaires de sécurité sociale avait conclu de même, en 2015. Au sein du groupe parlementaire écologiste, lors de la législature précédente, une collègue s'était emparée du sujet et avait élaboré une proposition de loi que j'ai soutenue, pour limiter et encadrer l'exposition aux ondes, renforcer l'information du consommateur.

Le point de bascule, pour moi, a été la mobilisation contre le développement du compteur Linky, ce compteur électrique dit « intelligent », c'est-à-dire permettant une connaissance fine des modes de consommation et d'adapter ses comportements, pour faire des économies d'énergie – et de coûts. C'était une vieille revendication écologiste, partant du principe que la condition de la sobriété énergétique est l'information, en temps réel, du consommateur et du distributeur d'énergie. Et soudain, ce compteur que nous avions tant attendu, qui s'inscrivait dans une stratégie primordiale pour tout écologiste, devenait une source de polémiques, avec en argument premier la nocivité des ondes qu'il était censé diffuser. Au premier rang des opposants à Linky, au sein même des écologistes, on trouvait les tenants de la théorie de l'électrosensibilité. L'anecdote peut paraître microscopique : elle est pourtant, à mes yeux, profondément politique. Parce que la politique, cela consiste à gérer des contradictions. Et on était là dans une contradiction majeure : la maîtrise des consommations énergétiques ou la santé publique ? Alors, je me suis intéressé plus profondément au sujet. Et j'ai découvert – comment dire les choses autrement – que nombre de choses qui m'avaient été dites, que nombre de documents qui m'avaient été transmis au sujet de ces fameuses ondes étaient soit carrément faux, soit présentés de manière biaisée. J'ai découvert que le centre de recherche indépendant dont on brandissait les travaux n'avait d'indépendant que le nom. J'ai découvert que si l'OMS reconnaît bien l'existence d'un ensemble de symptômes constituant une pathologie, aucun lien n'est établi avec les ondes électromagnétiques – bon nombre d'études scientifiques, menées à l'aveugle, établissant même que dans la plupart des cas étudiés, les sujets victimes de cette pathologie présentaient les mêmes symptômes, qu'ils soient ou non exposés aux ondes. J'ai découvert que l'académie de médecine s'était élevée contre la décision du tribunal des affaires de sécurité sociale, en dénonçant son absence totale de fondement scientifique (un phénomène assez courant dans les procédures judiciaires en matière de risques environnementaux, le juge étant appelé à statuer sur des questions dont il ne maîtrise pas tous les aspects scientifiques – et qui pourrait le lui reprocher, ce n'est ni sa formation, ni son métier ?).

Je me méfiais depuis longtemps de cette écologie des totems et des symboles, qui occupait beaucoup EELV, sans jamais réellement réussir à garantir des victoires politiques durables quand elles survenaient, et surtout au détriment de réflexions de fond sur les grands enjeux écologiques. Je ne dirai pas donc que cet épisode des ondes a constitué un déclic. Mais il m'a incontestablement amené à relire l'histoire politique de l'écologie en France – et donc ma propre histoire politique. Quand j'ai quitté EELV en 2015, nombre d'observateurs n'y ont vu que le signe d'un désaccord sur la question des alliances politiques : cette explication n'était que partielle et l'essentiel était ailleurs. En claquant la porte de mon ancien parti, ce n'est pas avec l'écologie que j'ai voulu rompre. C'est avec le gauchisme qui l'avait supplantée.

# La pensée écologique victime de l'absence de pluralisme

Le gauchisme, c'est à la fois une vision du monde, pour ne pas dire une idéologie, et une méthode. Et le gauchisme n'est jamais ami de la démocratie.

L'idéologie gauchiste, maladie infantile du communisme selon Lénine, vise à faire du capitalisme le coupable de tous les maux. C'est elle qui permet à ses adeptes d'affirmer que le capitalisme est à la source du réchauffement climatique et des destructions de l'environnement, en oubliant allègrement le bilan désastreux des régimes communistes d'Europe de l'Est en la matière. À cette idéologie, je n'ai jamais adhéré. Depuis le premier jour de mon engagement chez les écologistes, j'ai combattu le gauchisme – et chez les Verts, j'ai souffert !

La méthode gauchiste, c'est la volonté de faire converger des causes différentes en un combat commun, qui cherche à imposer à tout compagnon de route d'adhérer aux causes « alliées » ou à tout le moins à ne pas s'y opposer frontalement, faute de quoi il est considéré comme hostile à « la » cause. On n'est pas un « vrai » écologiste si on n'adopte pas l'écriture inclusive. On n'est pas un « bon » écologiste si on ne considère pas que l'antispécisme est un combat légitime et respectable (alors qu'il représente à mes yeux une antithèse de l'humanisme). On n'est pas un écologiste « fiable » si on refuse de partager la tribune avec des opposants aux vaccins, si on refuse de considérer que les pesticides, utilisés correctement et sans excès, peuvent constituer des réponses adaptées et utiles à certaines maladies ou certains parasites des plantes. On n'est pas un écologiste « authentique » si on ose s'interroger sur l'apport du nucléaire à la lutte contre le réchauffement climatique.

Et, bien souvent, on n'est pas considéré comme un vrai écologiste quand on n'épouse pas des causes qui n'ont rien à voir avec l'écologie.

Tout cela serait seulement déplorable, si tout le système de production de la pensée, d'élaboration de solutions, d'information du public autour de l'écologie n'était pas petit à petit gangrené par cette forme de totalitarisme intellectuel. Tout cela serait presque risible, si le résultat de cette mécanique délétère n'aboutissait à promouvoir des politiques publiques néfastes pour l'environnement, qui nous éloignent de la lutte contre le réchauffement climatique ou pour la biodiversité.

Autant je récuse et je combats les expressions indignes qui ponctuent trop souvent le débat politique (les « khmers verts » ou le « totalitarisme vert »), notamment parce qu'elles constituent une insulte envers les victimes vietnamiennes ou envers ceux qui subissent les dictatures, autant je n'hésite pas à dire aujourd'hui que les débats autour de l'écologie se font sous la menace d'une forme de terrorisme intellectuel.

Parce qu'ils pensent – ce qui est souvent vrai – avoir pris conscience avant beaucoup d'autres de la raréfaction inéluctable des ressources naturelles et du rôle des activités humaines dans le dérèglement climatique, beaucoup d'écologistes estiment – ce qui, là, n'a rien d'avéré – être plus éveillés que la majorité de la population sur les effets indésirables des activités humaines sur l'environnement, la santé et, plus généralement, sur la société.

Quiconque se présente en prétendant dénoncer un danger ou un scandale sanitaire ou environnemental bénéficie d'une présomption de crédibilité, et ses affirmations sont considérées comme probables par principe. C'est une dérive du concept de « lanceur d'alerte ». Toute nouvelle technologie est sommée d'apporter la preuve de son innocuité. Ce qui est souvent compliqué : parce qu'il est difficile de démontrer l'inexistence d'un phénomène.

C'est dans ce renversement de la charge de la preuve que se nichent la technophobie et la défiance envers le progrès scientifique qui ont saisi la plus grande partie des écologistes français.

L'accumulation de témoignages de victimes (rarement mis en question, au nom du respect absolu de la parole des victimes, mais aussi parce qu'elles deviennent, sitôt entendues et leur cause épousée, de parfaites forces militantes) tient lieu d'étude épidémiologique empirique. Les coïncidences deviennent corrélations. Les corrélations deviennent causalités.

Et même lorsque la science démontre – *in vitro* ou par des études épidémiologiques sérieuses et menées dans les règles de l'art – l'absence de danger, ce sont les scientifiques qui deviennent la cible du doute : c'est à eux qu'il revient de prouver qu'ils ne sont pas « vendus » (aux laboratoires, aux industriels, aux États).

S'est créée autour des questions écologiques, au cours des trente dernières années, une sorte d'écosystème en circuit fermé, dont les acteurs, au gré des circonstances ou des nécessités, adoptent successivement, parfois avec des allers-retours mais souvent aussi simultanément, les rôles de militant, de responsable politique, d'élu, de responsable associatif, de journaliste ou d'éditorialiste. Le cartel Vert a son parti, ses associations, ses centres de recherche, ses médias, ses réseaux sociaux. Ses gourous aussi, parfois. Il est étonnant de constater à quel point la sociologie française, si prompte à ressasser depuis des années les mêmes études sur « les riches », les « élites », les partis politiques de droite comme de gauche ou les syndicats, demeure étrangement improductive dès lors qu'il s'agirait de décrire cette galaxie écolo : impensé, connivence idéologique ? Il y aurait pourtant beaucoup à observer ou à découvrir de cette « galaxie verte » qui s'accapare le monopole de la parole sur l'écologie.

Comme écrasés par le poids des enjeux (après tout, c'est de l'avenir de la planète qu'il s'agit), bien peu nombreux sont ceux qui osent interroger les dogmes produits, déconstruire les mécaniques en action. Lorsqu'ils s'y risquent, ils font l'objet de campagnes de dénigrement incroyablement violentes (je pense notamment au sort réservé sur les réseaux sociaux à la journaliste Emmanuelle Ducros, ou aux réactions que génèrent régulièrement des articles de sa consœur Géraldine Woessner).

Et pourtant, il y aurait probablement beaucoup à dire – et à enquêter – sur les structures mêmes de ce « système » écolo français. Et notamment sur nombre d'ONG activistes qui prospèrent en profitant de l'amalgame qui se fait dans les esprits entre elles et des associations de défense de la nature qui agissent concrètement pour améliorer l'environnement, consacrent une partie de leurs financements à des actions sur le terrain.

Oui, il faudra bien documenter un jour la structure du budget de ces ONG devenues références : elles vivent de dons citoyens (et donc indirectement de fonds publics grâce aux déductions fiscales dont bénéficient les donateurs), reversent parfois une partie de ces recettes à une maison mère internationale, et consacrent le reste de leur budget à employer des salariés qui élaborent des plaidoyers et imaginent des opérations de communication massives, et souvent « coup de poing », font le buzz... afin de développer leur campagne de recherche de dons. Ces actions spectaculaires et les campagnes chocs sont donc consubstantielles à ces « ONG ». On remarquera qu'on ne parle plus d'associations, d'abord parce que ce concept d'ONG est importé des États-Unis où le simple fait d'être « non gouvernemental » est en soi une qualité, ensuite parce qu'en France qui dit association dit adhérents. Dans ces ONG on ne cherche pas à recruter des adhérents qui participeraient à la vie de l'association – y compris au contrôle de sa direction : on cherche à recruter des donateurs, qui vont financer l'organisation sans avoir le moindre droit de regard sur son fonctionnement. Greenpeace en est l'archétype et avait inventé ce « modèle » bien avant les réseaux sociaux, qui amplifient aujourd'hui le phénomène. Dans toutes les dépenses de ces ONG, réalisées grâce à des donateurs sincèrement sensibles aux questions écologiques, combien d'euros vont à des actions concrètes, soit directement, soit par le financement d'initiatives d'acteurs de terrain, qui seraient susceptibles de contribuer à régler un problème écologique ? La dénonciation permet de créer l'indignation. L'indignation génère des dons. Ces dons sont utilisés pour cultiver l'indignation, pour alimenter et orienter l'information, pour organiser des manifestations ou des coups de pub à grand spectacle, pour mener des campagnes de communication avec des moyens considérables et avec un écho médiatique démultiplié – sans commune mesure avec les moyens de communication du ministère de l'Écologie ou des instituts de recherche publics, par exemple. Le tout permettant de récolter de nouveaux dons... Économie florissante, économie circulaire. Mais dans ce circuit financier, où est l'écologie ?

Tout ce système prospère grâce à la crédibilité accordée, notamment par les médias, à ces structures. Quand j'étais ministre, lors d'une interview sur une radio de service public, alors que je soulignais que les derniers chiffres européens publiés sur les émissions de gaz à effet de serre étaient en baisse pour la France en 2018, le journaliste me rétorque : « Ce n'est pas ce que disent les ONG. » Ce journaliste, qui n'était pas spécialiste des questions environnementales ni spécialement militant de l'écologie, considérait donc que l'opinion des ONG pesait plus qu'une statistique incontestable... C'est pourtant un fait et pas une opinion. Lorsque je procédais à des « annonces » portant sur nos politiques publiques (en matière d'énergie, de protection des milieux naturels, d'aménagements, de pesticides), j'étais frappé de constater à quel point les questions qui m'étaient posées par les journalistes étaient inspirées par les positions de ces organisations « références ». Sur les plateaux, on me proposait de débattre avec leurs porte-parole. Très rarement avec des scientifiques, qui auraient pu porter un regard objectif sur les sujets abordés. Faites vous-même l'exercice : tapez dans votre barre de recherche Google les trois lettres « OGM »... et le premier résultat de recherche vous mènera sur le site de Greenpeace, avec cette phrase, tout sauf objective, lisible sans même avoir à cliquer : « Un organisme génétiquement modifié (OGM) est un organisme vivant dont l'ADN a été bricolé pour le doter de propriétés qu'il ne possédait pas naturellement. » On appréciera la haute teneur scientifique de la définition, et le caractère pour le moins inquiétant du verbe employé...

Nous sommes arrivés à la situation où le seul point de vue considéré comme légitime sur l'environnement est le point de vue des ONG environnementales. Le président de la République me faisait d'ailleurs remarquer un jour : « Nous avons perdu la bataille sur le cadre du débat. Les termes du débat sur l'écologie sont posés par les ONG. » Et nous étions d'accord pour constater que s'ajoute à cela le fait qu'il y a vingt ans, quand on parlait d'une proposition ou d'une mesure écologique dans les médias, ceux-ci donnaient beaucoup la parole aux tenants du *statu quo* opposés à tout changement écologique. Aujourd'hui, nous sommes en quelque sorte tombés dans l'excès inverse : les opposants au changement écologique ne s'expriment plus dans les médias. Cela ne signifie pas pour autant qu'ils aient disparu. Et ils se réveillent toujours d'une façon ou d'une autre, notamment quand arrive le temps de la mise en œuvre d'une mesure... Même les dispositifs qui cherchent à échapper à cette mainmise de quelques organisations sur les débats peinent à produire leurs effets. Imaginée pour sortir des blocages sociétaux et des discours préformatés, la convention citoyenne sur le climat, dont je suis l'un des initiateurs, a été de ce point de vue un échec. Probablement pour des raisons cumulatives : le mode de recrutement des conventionnels (un tirage au sort qui a laissé une grande place au volontariat et a donc dès le début du processus biaisé la représentativité du panel), un mode de management de l'opération qui n'a pas veillé à l'équilibre des personnes auditionnées (le monde économique a été notoirement sous-représenté) et surtout un programme de sessions qui a exclu dès l'abord les deux questions essentielles en matière de transition écologique – la taxation du carbone et les modes de production énergétiques. Toujours est-il que les conclusions ont souvent été de simples copiés-collés des propositions des ONG.

Nous en sommes arrivés à un point où, lorsqu'il recrute son « futur journaliste en charge de l'écologie », Mediapart – qui en a fait pourtant un de ses combats essentiels – publie une annonce sans utiliser une seule fois, ni dans les missions du poste, ni dans les prérequis pour y postuler, le mot « science ». En revanche, il est précisé que ses missions seront de « décrypter le traitement de la question du climat dans les cercles politiques et économiques, ainsi que révéler les blocages, conflits d'intérêts et autres jeux d'influence en matière de lutte contre le changement climatique, en France et à l'international ». Tout est dit.

Nous en sommes arrivés à un point où des personnalités aux discours plus que douteux, aux pratiques parfois plus que douteuses, se trouvent propulsées au rang de références en tenant des discours extrêmement simplistes sur des sujets extrêmement complexes, liés aux crises écologiques. Apôtres de la biodynamie, adeptes de la « sobriété heureuse », défenseurs d'une médecine « alternative », « collapsologues »... Les plateaux télé voient défiler des personnalités pittoresques, qui acquièrent, grâce à leur charisme, grâce au quasi-culte dont elles sont parfois l'objet dans leur cercle d'influence, une légitimité médiatique, et donc populaire, égale voire supérieure à celle de scientifiques qui, toute leur vie durant, et au prix de travaux nécessitant connaissances et méthode, font, eux, progresser le savoir. Dans cet écosystème écolo, on trouve – il n'y a pas d'autres mots – des charlatans de l'écologie.

Des charlatans qui, comme tous les charlatans, tirent leur statut (et souvent leur revenus) de la pratique d'une science dont ils ne maîtrisent ni les connaissances théoriques ni les savoir-faire techniques.

Des charlatans qui, comme tous les charlatans, attirent la lumière parce qu'ils laissent entrevoir des explications simples, des solutions simples à des sujets compliqués.

Des charlatans enfin qui, comme tous les charlatans, en arrivent, par les idées qu'ils véhiculent et les propositions qu'ils formulent, à aggraver les problèmes auxquels ils sont censés apporter des réponses.

C'est une mécanique du même ordre qu'on a vue à l'œuvre lors de la crise sanitaire et des débats sur l'existence, d'abord, la nocivité, ensuite, du virus, sur les mesures sanitaires efficaces pour le juguler ou en freiner la progression, sur le vaccin aujourd'hui.

Cette mécanique délétère, qui échappe à la raison, est devenue le quotidien de tout débat sur l'écologie en France. De même que la bataille pour la science a été menée et continue à être menée dans la crise Covid, il faut mener la même bataille pour la science dans le traitement des crises écologiques.

Nous assistons à une spirale infernale qui voit les symboles, les images chocs ou les slogans simplistes l'emporter sur l'approche scientifique de l'écologie. Et cette spirale infernale pèse lourdement sur ceux qui, lorsqu'ils sont en responsabilités, agissent dans le domaine de l'écologie.

Vous êtes ministre de l'Économie ? Lorsqu'il s'agit de juger des résultats de votre action, on invoque le taux de croissance, la balance commerciale, l'équilibre des comptes publics, les niveaux de l'endettement, la création d'entreprises, l'attractivité du territoire pour les investisseurs.

Vous êtes ministre du Travail et de l'Emploi ? On confronte vos décisions à l'évolution des créations d'emploi, à celle des types de contrats, à la courbe du chômage, de demandeurs d'emploi par catégorie, de contrats d'apprentissage ou de formations.

Vous êtes ministre de l'Écologie ? On demande aux ONG de dire ce qu'elles pensent de votre action !

Quand bien même vous excipez de baisses des émissions de gaz à effets de serre, de la conversion croissante du parc automobile vers des véhicules hybrides ou électriques, de la réussite des dispositifs de changement de chaudières, de l'installation de nouvelles structures de production d'énergies renouvelables, du déblocage de dossiers complexes d'éolien maritime encalminés depuis des années un manque de volonté politique où, dans les méandres juridico-administratifs, la seule chose qui compte, c'est ce qu'en disent les ONG, et surtout les plus spectaculaires d'entre elles.

Le pire étant que, même si vous obtenez des arbitrages jugés positifs sur les dossiers emblématiques, érigés par ces mêmes organisations au rang de symboles, vous n'en êtes pas crédité. Soit parce que c'est « trop peu ». Soit parce que les motivations de la décision que vous avez prise sont jugées trop éloignées du « plaidoyer » développé par ces organisations.

La majorité actuelle a pris un grand nombre de ces décisions qui étaient jugées comme indispensables par les ONG : l'abandon du projet d'aéroport de Notre-Dame-des-Landes, la fin de l'exploration et de l'exploitation des gaz de schiste et de tout nouveaux gisements d'hydrocarbures, la fin du projet Montagne d'Or en Guyane, l'abandon du projet commercial d'EuropaCity en région parisienne. Quel gain politique a-t-elle tiré de ces décisions ? Aucun.

Arrêtons-nous un instant sur le cas, tellement emblématique, de Notre-Dame-des-Landes. Un projet d'aéroport auquel j'étais opposé, depuis le moment où il avait ressurgi, à la fin des années 1990. Lionel Jospin était Premier ministre et Dominique Voyet ministre de l'Aménagement du territoire et de l'environnement, laquelle Dominique Voynet y était alors plutôt favorable. Je m'opposais à ce projet essentiellement parce qu'il conduisait à un étalement urbain, donc à une artificialisation de terres agricoles et de zones humides. D'un point de vue économique, le modèle projeté me paraissait disproportionné au regard des équipements aéroportuaires existants dans la région : Angers, Rennes, Saint-Nazaire et la Roche-sur-Yon, aéroports tous sous-utilisés. Pour de multiples raisons, (excellemment résumées par Édouard Philippe dans son livre *Impressions et lignes claires* qui retrace son passage à Matignon), le président de la République, en accord avec son Premier ministre, a décidé de l'abandon du projet. Quelques mois plus tard, alors que je le sens à nouveau tenté par l'abandon de la responsabilité de ministre, j'en discute avec Nicolas Hulot. Il est alors sous le feu des critiques des ONG écologistes, comme le furent tous ses prédécesseurs, comme le seront tous ses successeurs. Mais pour lui, issu de ce milieu, la situation est plus difficile à vivre encore. Je lui suggère de valoriser la victoire remportée sur le dossier de l'aéroport de Notre-Dame-des-Landes. Son verdict tombe, aussi implacable qu'incompréhensible : « Non, car la motivation principale de la décision n'était pas l'écologie. » J'avoue que la réponse m'a estomaqué. L'incapacité à s'extraire du mode de pensée des ONG a conduit le ministre de l'Écologie à ne pas revendiquer une mesure que l'ensemble de la galaxie écolo réclamait à cor et à cri depuis des années. Cécile Duflot, avant la présidentielle de 2012, avait prétendu que jamais sa main ne tiendrait un stylo qui signerait un accord électoral avec les socialistes qui ne remettrait pas en cause le projet d'aéroport de Notre-Dame-des-Landes. Eva Joly, candidate écologiste à la présidentielle, avait même mis sa campagne entre parenthèses quelques jours, pour signifier son dépit d'avoir vu le parti finalement signer un texte se contentant d'enregistrer le désaccord entre les deux partis sur ce point. NDDL était devenu (à mon sens exagérément, comme le sont finalement tous les symboles) un de ces symboles brandis par le mouvement écologiste français, et à peine l'abandon du projet était-il acté que le sujet était passé par pertes et profits.

L'écologie française telle qu'elle est incarnée par la « galaxie verte » est incapable de célébrer une victoire, parce qu'elle ne vit que dans et par l'indignation. Son rapport au pouvoir est dual : elle donne le sentiment de faire beaucoup pour ne surtout pas se trouver en situation de l'exercer, et quand ses représentants parviennent au pouvoir, soit ils le quittent très rapidement en prétendant ne pas avoir les moyens d'exercer leur mission (c'est Cécile Duflot en 2014, c'est Nicolas Hulot en 2018), soit ils se concentrent sur les causes qui ont permis au mouvement de prospérer, causes qui, bien souvent, n'ont rien à voir avec l'écologie ou sont totalement anecdotiques au regard des enjeux. Les cours d'école dégenrées et débitumées, la généralisation dans les publications officielles de l'écriture inclusive, les menus végétariens dans les cantines scolaires, la lutte contre les plateformes commerciales numériques, les moratoires sur la 5G, les arrêtés municipaux interdisant l'usage des pesticides, le refus des subventions aux clubs aéronautiques, l'opposition aux jeux Olympiques, aux arbres de Noël, l'absence de soutien aux entreprises de la Tech, parfois même... le refus des compteurs Linky (on y revient).

En réalité, et ce n'est pas le moindre des paradoxes, dans leur grande majorité, les écologistes français ont renoncé à lutter efficacement contre les désordres environnementaux, contre le dérèglement climatique comme contre la perte de biodiversité. Ils ont créé un système, viable économiquement (en ce sens qu'il procure de l'activité et des revenus à de nombreuses personnes), performant électoralement (parce qu'il joue beaucoup sur les indignations qui constituent un moteur essentiel de l'engagement), efficace idéologiquement (parce qu'il a réussi à imposer des modes de raisonnement auxquels il est très difficile d'échapper). Un système qui vit, non plus des enseignements de la science, mais de la peur des gens. De toutes les peurs, y compris les plus irrationnelles, y compris les moins fondées. Ils ont développé un discours qui oscille entre prédictions apocalyptiques (dont certaines constituent des risques réels) et exploitation cynique d'angoisses existentielles (dont la plupart n'ont rien à voir avec l'environnement) et de phénomènes extrêmes (dont tous ne sont pas dus au dérèglement climatique) sans proposer de solutions crédibles pour combattre les causes des crises écologiques. Il est à noter que la Fondation Hulot est elle-même passée d'une fondation qui avait pour ambition d'agir avec les gens, notamment par l'éducation à l'environnement, à une ONG de « plaidoyer » qui initie des campagnes de dénonciation.

Ils ont fait du respect de dogmes (sur les pesticides, sur les OGM, sur le nucléaire, sur l'automobile...) l'alpha et l'oméga de l'écologie. Et cette lecture des problématiques, ils sont parvenus à en faire la lecture dominante dans la société. Combien de fois ai-je entendu, dans les réunions EELV, un appel au « retour aux fondamentaux » ? Comme si l'action politique ne devait pas, justement, être le lieu de la remise en question, des remises en cause. Comme si la connaissance scientifique devait être considérée comme immuable. On parle souvent des « avancées de la science » : on ne peut en bénéficier si on a décidé de demeurer figé dans ses certitudes, encore moins quand on a pris le parti de regarder l'avenir en se tournant vers le passé.

## Surmonter la crise des ressources suppose croissance économique, technologie, et grands travaux

Définir les contours d'une politique écologique crédible et pragmatique, c'est en premier lieu rappeler les enjeux majeurs. Les crises à affronter. Et ces crises, il y en a deux. Deux crises qui surviennent au même moment de l'histoire de notre planète – ou plus précisément de notre humanité, car notre planète, quand bien même la vie telle que nous la connaissons disparaîtrait, demeurera. Deux crises « naturelles », au sens où elles impactent la nature et progressent selon des processus qui obéissent à ses lois, mais qui ont cette particularité de présenter, parmi leurs facteurs déclencheurs, un facteur commun : l'action de l'homme. Deux crises qui se déroulent indépendamment l'une de l'autre, même s'il peut arriver qu'elles se nourrissent de leurs conséquences respectives. Deux crises qu'il est d'autant plus indispensable de combattre en même temps, car il peut arriver que les solutions imaginées pour l'une viennent aggraver l'autre. Ces deux crises sont aussi simples à nommer qu'elles seront compliquées à résoudre : la crise de l'épuisement des ressources naturelles d'une part, la crise climatique de l'autre.

L'épuisement des ressources naturelles est perceptible par chacun de nous, comme il est documenté par les scientifiques. Il prend des formes multiples : la disparition d'espèces, le rétrécissement de milieux naturels « sauvages », indispensables à l'équilibre des écosystèmes, au profit de l'urbanisation ou des terres agricoles, la raréfaction de gisements de matières premières, dont les énergies fossiles (ce qui, pour le coup, compte tenu de la crise climatique, constitue plutôt une opportunité)... Le fameux « jour du dépassement », calculé sur la base de milliers d'indicateurs collectés dans plus de 200 pays, nous rappelle chaque année, pendant l'été, que nous avons consommé depuis le 1er janvier plus de ressources naturelles que les écosystèmes permettent de régénérer naturellement. C'est de plus d'une planète et demie qu'il nous faudrait disposer pour pouvoir espérer continuer, à ce rythme, notre vie collective.

Face à ce constat, la première réponse qui vient à l'esprit de beaucoup, c'est qu'« il faut ralentir le rythme ». Ce qui revient à promouvoir une forme de décroissance des activités humaines. Cette approche, qui inspire la plupart des mouvements de la galaxie écologiste française, à des degrés divers, est à mes yeux doublement une impasse : elle fait fi de l'acceptabilité sociale de ce que signifie la décroissance, et, surtout, elle ne serait en rien efficace pour juguler la crise des ressources.

L'acceptabilité sociale, d'abord : je ne parle même pas des mobilisations massives que ne manqueraient pas de provoquer des mesures coercitives ponctuelles visant à réduire durablement nos activités économiques – et pourtant, l'actualité politique nous démontre leur importance dans notre vie collective et dans les affaires de l'État. Parce que nous sommes dans une économie de marché, nulle puissance publique ne se verrait reconnaître la légitimité et la capacité concrète à stopper des activités économiques, au principe de la sauvegarde de la planète. Quand on voit la difficulté à faire accepter des mesures de bon sens, protectrices de la santé de tous, qui n'exigent pas d'autre effort que de tendre l'épaule pour se faire injecter un vaccin, le tout pour surmonter une crise sanitaire qui est là, je souhaite bon courage à qui voudrait s'attaquer au fonctionnement de l'ensemble des activités humaines, pour une crise des ressources dont nous ne vivons que les prémices et dont les conséquences les plus dévastatrices ne sont pas encore perceptibles par tous.

Mais, surtout, cette décroissance, nous venons de la vivre, *in vivo* si j'ose dire, en 2020 : et cela tenait plus du cauchemar que du rêve. Pertes d'emplois par millions sur l'ensemble de la planète, restrictions de circulation des hommes et des biens d'une ampleur sans précédent, chute des recettes des États, explosion des dettes... Le système social français et le « quoi qu'il en coûte » présidentiel ont permis, chez nous, d'amortir un choc dont la facture pèsera pourtant pendant des années. Mais dans de nombreuses régions du monde, la crise du Covid-19 est – au-delà des aspects sanitaires – loin d'avoir produit tous ses effets : retards dans les soins (et dans la vaccination des enfants, au point que l'OMS a lancé une alarme), destructions d'activités économiques et d'emplois, désorganisation durable de systèmes de protection et de sécurité collectifs... La récession économique de 2020, c'était de la décroissance. Une décroissance qui a d'ailleurs conduit à un recul de trois petites semaines du fameux « jour du basculement » : alors que, en 2019, il était intervenu le 31 juillet, en 2020, il a été estimé au 22 août. Et encore faut-il préciser que ces trois semaines ont été gagnées par le biais de la baisse de 14,5 % de la consommation d'énergies fossiles dans des secteurs économiques contraints à l'arrêt par les mesures sanitaires, et par leurs conséquences sur le commerce et sur la consommation. Mais pour le recul des espaces naturels, pour la biodiversité dans son ensemble, cette mise à l'arrêt brutale de l'économie mondiale n'a pas réellement changé les choses : ce n'est pas parce qu'au printemps 2020 on a pu entendre, grâce au confinement et à la baisse du bruit dans les villes, les oiseaux chanter que la faune a été massivement impactée par l'épisode de décroissance que nous avons vécu. Qui peut imaginer sérieusement que, convaincus comme par miracle de la nécessité d'amplifier et d'inscrire dans la durée cette décroissance que nous avons vécue en 2020, les hommes s'accommoderaient durablement de telles restrictions ? C'est impensable, et ceux qui nous disent, la bouche pleine, qu'il suffit de faire un effort, ceux qui prônent la sobriété heureuse, la décroissance choisie, n'ont, en réalité, jamais manqué de rien et ne jouent que le rôle bien connu, et toujours stérile, de révolutionnaires de salon. Et, évidemment, bien peu appliquent cette décroissance à eux-mêmes, que ce soit en termes de revenus ou de consommation.

Ces adeptes de la décroissance nagent par ailleurs en pleine contradiction : ils en appellent à des investissements massifs dans la transformation des modes de production et de consommation tout en privant investisseurs privés comme publics des ressources de financement puisqu'elles seraient taries par la décroissance de l'activité économique.

Tout autant que son caractère improbable, la solution de la décroissance pour résoudre la crise des ressources a l'inconvénient de ne pas s'attaquer à la racine des choses : la croissance démographique.

Plus d'habitants sur notre planète, ce sont plus de bouches à nourrir, plus de libertés de déplacement à assurer, plus de consommateurs, plus de prédateurs des milieux, aussi. Et s'il ne saurait être question évidemment de programmer une régression brutale du nombre d'humains, la maîtrise de la croissance démographique devrait à mon sens constituer, quand on s'intéresse à l'écologie, un des défis majeurs à relever. Certains écologistes, il faut le leur reconnaître, ont pris la question en compte : certains prônent une politique familiale « dénataliste » dans les pays développés, partant du principe qu'un enfant né dans un pays développé contribuera plus fortement qu'un autre à l'épuisement des ressources. On voit ainsi ressurgir assez régulièrement des mouvements qui en appellent au « zéro enfant », ou des propositions de découragement à la constitution de familles nombreuses, *via* notamment, c'était une proposition d'Yves Cochet, des malus fiscaux. Outre qu'on voit mal des sociétés démocratiques accepter une telle immixtion de la puissance publique dans la vie intime des individus (qu'y a-t-il de plus intime que de choisir de donner ou non la vie ?), l'exemple de la politique chinoise de l'enfant unique, mise en œuvre pourtant dans un contexte de contrôle social très fort, et avec les moyens d'une dictature, suffit à démontrer à quel point de telles perspectives sont vouées à l'échec – et c'est tant mieux ! Est-ce à dire que la question démographique n'est pas prioritaire ? Évidemment non. Mais si on entend protéger les droits humains, ce n'est pas dans les pays occidentaux qu'elle trouvera une réponse pertinente : c'est dans nombre de pays en voie de développement, singulièrement en Asie et en Afrique. L'histoire du siècle qui vient de s'écouler nous donne les ingrédients qui permettent, pour assurer l'équilibre d'une société ou d'un territoire, de maîtriser la croissance démographique : cela passe par la liberté donnée aux femmes, par la santé qui permet de lutter contre la mortalité (car la natalité forte est bien souvent une réponse à une mortalité élevée, notamment infantile), par l'éducation qui permet d'accéder à la maîtrise de sa vie, par la diversification économique... bref, cela passe par le développement et la croissance économiques. La croissance économique est indispensable au développement, lui-même indispensable à la maîtrise de la démographie, qui est indispensable à la lutte contre la crise des ressources : c'est aussi simple et aussi compliqué que cela.

La piste de la décroissance évacuée, la réalité demeure : la croissance, telle que nous la connaissons aujourd'hui, consomme les ressources dans des proportions insoutenables.

Comment garantir le maintien des niveaux de vie dans les pays développés, sa croissance dans les pays en voie de développement, sans provoquer plus de dommages aux ressources naturelles ? C'est la question centrale.

Sa réponse passe évidemment par une optimisation de nos prélèvements sur la nature, par des adaptations apportées à nos habitudes alimentaires, par une gestion plus économe des ressources, la valorisation de nos déchets... Mais cela ne suffira pas, loin de là : même si l'ensemble de l'humanité réduisait de 50 % ses consommations de protéines d'origine animale et supprimait tout déchet alimentaire, le gain du jour du dépassement serait inférieur à un mois (et encore, à population stable, ce qui est une hypothèse absurde). L'idée selon laquelle nous serions en mesure, par un « simple » changement de nos habitudes (j'y mets des guillemets, tant rien n'est simple en la matière), de renverser la tendance de la crise des ressources est une impasse.

Bien plus qu'à un pari sur la seule sobriété des consommateurs, c'est donc à un pari volontariste sur de nouvelles technologies qui intègrent la sobriété dans leurs cahiers des charges qu'il nous faut procéder. J'entends d'ici les cris d'orfraie de ceux qui dénoncent « la croyance envers la technologie ». À ceux-là, il y a deux arguments à objecter : l'histoire et le principe de nécessité.

L'histoire, parce qu'il n'est pas d'exemple dans le cours de l'humanité où une crise majeure n'ait été résolue, surmontée, sans le progrès technologique. La crise du Covid-19 nous en apporte des démonstrations éclairantes : les différents confinements n'auraient probablement pas pu être vécus de la même manière, l'activité économique, même réduite, n'aurait probablement pas pu perdurer aussi fortement sans le numérique. Par ailleurs, les perspectives de sortie de crise sont dessinées par les avancées scientifiques qui ont permis la mise en œuvre de vaccins dans un temps record, et probablement demain, même si cela fait moins la une de l'actualité, des solutions thérapeutiques contre la maladie elle-même. Au même titre que la décroissance, la technophobie est incompatible avec la résolution de la crise des ressources. Quand bien même on douterait de la capacité à basculer d'un mode de développement prédateur à un mode de développement vertueux, qui réduise drastiquement les prélèvements sur les ressources naturelles de la planète, le pari de la technologie est le seul qui puisse être envisagé. Cela suppose donc, pour les décideurs politiques, des choix clairs d'orientation de financements vers la recherche et une levée des blocages existants qui freinent l'innovation.

Là encore, la crise du Covid-19 devrait nous instruire quant aux difficultés nées de la multiplicité des acteurs administratifs, des processus de contrôle, des principes de précaution financière : si les États-Unis ou la Grande-Bretagne ont été plus agiles que l'Europe dans l'accompagnement des acteurs du vaccin, cela a tenu tout autant à la capacité à financer massivement et sans garantie de réussite les travaux des équipes de recherche qu'à la simplicité, à la rapidité des chaînes de décision. Quand l'Europe annonce sa volonté d'investir massivement dans de nouvelles technologies liées à l'environnement, il serait judicieux qu'elle adopte des modes de fonctionnement moins bureaucratisés, plus inspirés... du monde de l'entreprise. Ce devrait être, pour tout écologiste, une priorité absolue.

De même que devrait être une priorité l'abandon de l'idéologie de la lutte contre les rendements agricoles. L'augmentation de certains d'entre eux, c'est vrai, a été obtenue en ayant recours à quelques produits phytosanitaires aux effets mal évalués ou aux dosages excessifs, qui ont appauvri les terres ou créé des pollutions durables. Il faut s'en prévenir, et c'est la science qui est en mesure de le faire. J'ai pu mesurer, en responsabilités, la qualité et le professionnalisme des organismes français et européens qui effectuent les contrôles sanitaires sur les produits utilisés. Les scandales qui ont été mis au jour au cours des cinquante dernières années ont permis de développer ces organismes, d'étendre leurs champs d'intervention. Les résultats qu'ils produisent sont pris en compte par les États, et l'Europe a mis en place un système qui ne cesse de s'améliorer par la mise en commun des savoir-faire des États. C'est la raison pour laquelle, même s'il convient de toujours veiller à renforcer notre système de surveillance et d'évaluation des produits phytosanitaires, l'idée du « zéro phyto » en agriculture me semble une absurdité dangereuse : de la même manière qu'on combat l'utilisation excessive d'antibiotiques dans le domaine de la santé humaine ou animale (avec des résultats remarquables dans les élevages français) sans envisager pour autant l'interdiction totale des antibiotiques qui sauvent des vies, il serait absurde de vouloir supprimer tout recours aux produits phytosanitaires, qui permettent de résister à certains parasites ou à certaines maladies des plantes, et donc de garantir des rendements agricoles élevés. D'ailleurs, lors d'un de mes premiers déplacements de ministre sur cette thématique, j'en ai une illustration édifiante : une viticultrice bio vient me voir pour m'alerter sur le fait que la commission européenne veut réduire drastiquement l'utilisation du sulfate de cuivre – ce que mon grand-père appelait la bouillie bordelaise. Ce produit simple, mais néanmoins issu de la chimie, est autorisé en France en agriculture bio pour lutter contre le mildiou alors que les autorités européennes veulent l'interdire. La viticultrice bio s'en inquiète et m'affirme que « si c'est interdit, les rendements du bio vont s'effondrer »...

Là encore, il est indispensable de se défaire de la logique des totems et des symboles : quand on examine attentivement les conclusions de tous les organismes scientifiques sur le glyphosate, par exemple, on ne peut que conclure à une véritable hallucination collective. Utilisé à faible dosage, le glyphosate ne mérite absolument pas le statut d'ennemi public numéro un de l'environnement. C'est la mobilisation de certaines ONG, relayée par quelques médias complaisants – y compris sur le service public – et exploitée par les mouvements écologistes, qui en ont fait le symbole des produits phytosanitaires à combattre. Non pas pour sa dangerosité, jamais démontrée par les nombreuses études faites par les agences indépendantes, mais parce que le glyphosate est le symbole des produits vendus par les grands groupes chimiques ou pharmaceutiques. Il est d'ailleurs devenu l'objet principal du militantisme de quelques ONG et des Verts, lorsque le combat contre les OGM leur a semblé terminé. Monsanto était justement aux premières loges dans les deux cas... Les « faucheurs volontaires » d'OGM sont devenus les « pisseurs volontaires » de glyphosate.

Le simple fait que l'on trouve des traces de glyphosate dans des urines a été présenté comme une preuve accablante d'atteinte à la santé humaine alors que c'était aux contraire le signe du bon fonctionnement du corps humain : les urines sont justement faites pour éliminer ce dont le corps humain n'a pas besoin ! Lorsque j'étais ministre, j'ai voulu vérifier personnellement auprès de l'ANSES (l'Agence nationale de sécurité sanitaire de l'alimentation et de l'environnement) ce qu'il en était vraiment. J'ai reçu à mon bureau les chercheurs de cette agence publique totalement indépendante des groupes pharmaceutiques. Ils ont été très clairs : le glyphosate – à faible dose – ne présente aucun danger pour la santé humaine ni pour l'environnement. La question du dosage est évidemment primordiale. Et il en est ainsi pour de très nombreux produits : le paracétamol, d'usage courant dans tous les foyers, est mortel au-delà d'une certaine dose. Alors qu'il est évidemment très utile pour la santé humaine lorsqu'il est correctement dosé. Le glyphosate a son utilité dans certaines cultures : supprimer totalement son utilisation, c'est se contraindre à utiliser davantage les tracteurs (ce qui prendra du temps et consommera des carburants) mais, pire encore, à revenir à plus de labours alors même que s'était développée l'agriculture de conservation des sols. Cette agriculture de conservation a de multiples atouts : elle développe la biodiversité des sols, évite le phénomène de ravinement et de lessivage des terres lors des fortes précipitations et permet à l'agriculture de contribuer à la lutte contre l'effet de serre. Ou comment la lutte contre un symbole va avoir des effets antiécologiques notoires tout en éclipsant le fait que de très nombreux autres pesticides sont beaucoup plus problématiques. Ou comment on perd le sens de la mesure et de la rationalité scientifique dans les décisions politiques.

Le prétendu « retour à une agriculture naturelle et intense en bras » est un mythe : privilégiant prétendument « la qualité à la quantité », il est plus souvent un argument marketing pour pays développés qu'une réalité gustative avérée ou nutritionnelle établie. Il ne résiste pas au défi démographique : si on veut limiter l'expansion des terres agricoles pour protéger les espaces naturels dans les régions qui connaissent et connaîtront de fortes progressions démographiques, si l'on veut, chez nous, permettre la reconstitution d'espaces naturels « sauvages », la seule solution est de maintenir, et même de faire progresser les rendements agricoles.

C'est, du reste, grâce à cette progression des rendements qu'il a été possible de nourrir la planète au cours du dernier siècle. Sur les vingt dernières années, tandis que la population mondiale croissait de 40 %, les surfaces cultivées n'ont progressé, elles, que de 3 %. C'est l'augmentation des rendements de l'agriculture qui permet cela. L'enjeu, pour l'écologie, n'est donc pas dans la baisse des rendements, mais au contraire dans leur croissance : une croissance plus respectueuse de l'environnement, mais une croissance tout de même !

Pour y parvenir, pour limiter les intrants, ce n'est pas du côté d'un hypothétique et mythique retour aux pratiques culturales d'antan que l'on trouve des solutions mais bien du côté de la recherche scientifique et de l'innovation technologique. Toutes les armes offertes par la science doivent être mobilisées. Y compris les apports de la génétique pour la sélection des variétés. Il est ahurissant de constater qu'aujourd'hui, sur la base d'une règlementation européenne anti-OGM interprétée de manière extensive, des techniques de sélection des espèces grâce au séquençage génétique (peu ou prou les mêmes technologies que celles qui sont admises en santé humaine et ont permis la mise en place des vaccins à ARN messager) soient empêchées ou ralenties. Le résultat de cette vision intégriste de la question aboutit à un effet exactement inverse à l'objectif recherché : sur la betterave, par exemple, faute de pouvoir facilement pratiquer une sélection génétique autre qu'empirique – ce qui ralentit considérablement le processus de recherche –, il a été nécessaire de réautoriser, de manière provisoire, l'utilisation de néonicotinoïdes à la toxicité pourtant établie, pour sauver la filière betteravière française. Alors même que le travail en laboratoire sur la sélection variétale permet d'envisager la création – par la recherche génétique – d'espèces de betteraves plus résistantes aux pucerons qui propagent la « jaunisse de la betterave ».

À cet effort technologique, il est également indispensable d'ajouter un autre défi : celui de la reconstitution de milieux, de la reconquête de la biodiversité. C'est possible, et c'est la nature, par ses mécanismes de régénération, qui rend cet objectif possible. Encore faut-il que nous soyons en mesure de prioriser les actions et d'imaginer des dispositifs qui, eux, ne cherchent pas à reproduire à l'identique les mécanismes naturels. Pour se régénérer, la nature a besoin d'être aidée, parfois même d'être bousculée. Ainsi, pour lutter contre les stress hydriques, comme pour anticiper les phénomènes exceptionnels de crues qui se multiplient, il est indispensable de sortir du prêchi-prêcha qui consiste à affirmer que le but des politiques publiques est de « respecter le cycle naturel de l'eau ». Même chose pour les espaces naturels : il ne s'agit pas seulement de multiplier les espaces protégés. Nous l'avons fait et il sera très compliqué, pour ne pas dire impossible, d'aller plus loin, tant les conflits d'usage avec les habitants et les acteurs économiques des territoires concernés rendent l'exercice compliqué. Il s'agit aujourd'hui de recréer des mécanismes vertueux qui permettront à la nature de réellement reprendre ses droits, et aux lois de la nature de rendre des services aujourd'hui disparus. Plantation de haies, afin de permettre aux eaux de pluie d'atteindre les nappes phréatiques, notamment en zones argileuses, création de bassins de rétention des eaux fluviales et de collecte des eaux pluviales, reconstitution de forêts aux essences diversifiées et résistantes au changement climatique : s'il veut apporter une contribution efficace à la planète et à la lutte contre la crise des ressources, plutôt que de se spécialiser dans l'opposition pavlovienne à tous les projets d'aménagements, tout écologiste devrait au contraire se muer en apôtre d'aménagements utiles, destinés à reconstituer des milieux et à permettre aux phénomènes naturels aujourd'hui défaillants de fonctionner et de se reproduire !

À cette crise des ressources, qui ne pourra être surmontée que par un double effort, technologique pour concevoir des modes de production moins prédateurs, et de reconstitution pour aider la nature à se regénérer et maintenir, voire développer, les surfaces forestières, s'ajoute la crise climatique, qui nécessite, elle aussi d'être décortiquée sans *a priori* idéologique, pour pouvoir être surmontée.

# Climat : se préparer et s'adapter à l'inéluctable, agir pour éviter l'emballement

Les Français sont désormais relativement familiers des études du GIEC, consortium de chercheurs sur le climat associé à l'ONU, et à leurs conclusions : nous sommes engagés dans une phase de réchauffement extrêmement rapide de l'atmosphère terrestre, qui entraîne des changements climatiques majeurs, et produit des phénomènes météorologiques brutaux et d'ampleur exceptionnelle. Or, dans ce réchauffement, qui s'inscrit dans une histoire climatique faite de phases successives depuis que la Terre est Terre, l'action humaine joue, pour la première fois, un rôle indéniable et mesurable. Ces conclusions, il a fallu du temps pour qu'elles s'imposent comme des faits scientifiquement avérés : il y a eu des négationnistes de la crise climatique – comme il y a des négationnistes du Covid. Même si ceux-ci demeurent actifs dans certaines régions du monde (on l'a vu récemment aux États-Unis ou au Brésil), même s'il est toujours indispensable de les combattre, on voit bien que le travail à mener est désormais sur un autre terrain que celui de la conscience du danger : c'est sur les solutions que le débat doit se dérouler. Et là, les mêmes mécanismes politiques et médiatiques produisant les mêmes effets, un des phénomènes les plus dangereux à combattre est celui de l'exploitation purement démagogique et politicienne des dangers de la crise du climat. L'exploitation d'images chocs (monceaux de glace qui se détachent de la banquise, désastres aux paysages et à l'habitat causés par des phénomènes climatiques exceptionnels liés au réchauffement climatique – inondations, incendies, ouragans –, cohortes de réfugiés quittant des régions devenues hostiles à la vie humaine...) est certes devenue un business florissant et permet, après Al Gore qui contribua utilement à l'éveil des consciences, mais désormais bien souvent sans apporter grand-chose de vraiment nouveau, de remplir les salles de cinéma. Mais bien moins que favoriser une prise de conscience (qui est, globalement, déjà là), c'est la peur qui est cultivée dans l'opinion. Quand le discours qui accompagne ces discours anxiogènes tend à dire que ces catastrophes pourraient être évitées si on baissait drastiquement les émissions de gaz à effet de serre, on bascule de l'exploitation des peurs au mensonge le plus éhonté.

Car on ne peut pas prétendre affronter la crise climatique si on ne prend pas lucidement conscience des deux caractéristiques de cette crise, et si on ne le dit pas clairement : l'évolution du climat comporte une part « pilotable », sur laquelle les décisions politiques peuvent et doivent peser – il s'agit d'empêcher l'aggravation et l'emballement de la montée des températures –, et une part inéluctable – et là, les décisions politiques pourraient et devraient préparer et accompagner des mutations profondes à venir de nos paysages, de nos conditions de vie.

C'est précisément ce que nous dit le dernier rapport du GIEC, dont l'intérêt majeur est de définir plus nettement que dans les précédents ce qui relève de l'inéluctable et ce qui relève du probable – en fonction de différents scénarios.

La part pilotable de la crise climatique trouve ses solutions dans une coopération internationale – car nul n'a la possibilité de « sauver le climat » (quelle expression absurde, quand on y pense !) dans son coin. Ce sont donc les décisions prises à l'échelle de la planète, et leur mise en œuvre par chaque pays, qui sont à interroger – j'y reviendrai.

Mais pour qui se bat pour une écologie concrète, sur laquelle les citoyens peuvent peser de tout leur poids, notamment à l'échelle locale et à l'échelle nationale, la question essentielle devrait être celle de l'adaptation à un réchauffement climatique en cours, qui vient de loin, et dont l'inertie de l'accroissement est telle qu'il nous est impossible de l'empêcher.

Quand bien même on cessait, du jour au lendemain, toute émission de $CO_2$ (hypothèse impossible, même dans les rêves du plus fou des décroissants), il faudrait plus de dix mille ans pour que l'équilibre atmosphérique antérieur à l'ère industrielle soit atteint. Cette montée inéluctable des températures était d'ailleurs le point de départ des accords de Paris, lors de la COP21, qui fixaient comme objectif une augmentation de 1,5 degré des températures par rapport à l'ère préindustrielle. Et sur cette base, le débat autour de l'écologie tourne depuis lors sur la question de savoir si les mesures prises par les différents États sont suffisantes pour maintenir ce cap, au-delà duquel le risque est de voir les évolutions climatiques provoquer des réactions en chaîne incontrôlables. Cette question est bien évidemment centrale – et, encore une fois, on y reviendra.

Mais ce que je crois le plus frappant et le plus déroutant, c'est de constater à quel point la question de l'accompagnement du réchauffement climatique, de l'adaptation à ses conséquences, est finalement peu présente dans nos politiques publiques et dans le débat politique. La novlangue technocratique, produit hybride des agences de communication et de la technocratie, a bien emprunté à la psychologie le terme de « résilience » – peu compréhensible pour le commun des mortels –, les débats politiques locaux, notamment au niveau des municipalités, se sont bien enrichis de nouvelles problématiques autour du « retour de la nature en ville », de la création « forêts urbaines » (qui n'ont de forêts que le nom et sonnent plus sûrement comme des arguments électoraux que comme des solutions à la hauteur des enjeux), mais, dans l'ensemble, cette question des aménagements, des changements à promouvoir pour répondre aux conséquences inéluctables de la crise climatique peinent à s'imposer dans le débat public. C'est un angle mort de nos politiques publiques. Et c'est, à mon sens, un des champs essentiels de toute politique publique en matière d'écologie. Ce sont des questions fondamentales, parce qu'elles touchent la vie quotidienne et imposent des décisions politiques fortes, à la fois en termes d'aménagements, de stratégies de peuplement ou d'abandon de zones côtières urbanisées à la montée des eaux, de politiques de prévention, de préparation aux crises, de précautions à généraliser, de réactions à anticiper.

De ce point de vue, on a pu mesurer avec la crise sanitaire à quel point nos sociétés sont finalement peu sensibilisées au risque et à la gestion de crise : notre société prend conscience des risques liés à la crise climatique, mais ne produit pas – ou peu, ou de manière très partielle – de réelle culture du risque. Cartographier les risques, sensibiliser les populations, imaginer des programmes scolaires et des formations citoyennes en créant, territoire par territoire, des modules de préparation à la réaction aux crises, en définissant des règles de vie collective aux risques anticipables, nous adapter afin de renforcer notre capacité collective et notre aptitude individuelle à répondre aux crises, ce devraient être des priorités absolues. Dans tous les déplacements que j'ai pu effectuer lors de la survenue de crises, notamment liées à des événements climatiques (les plus impressionnantes étant l'ouragan Irma en septembre 2017 ou les inondations dans l'Aude en octobre 2018) j'ai été frappé de voir à quel point nous étions inégalement préparés : d'une part, un État qui a mis en place des outils et des dispositifs utiles et souvent efficaces d'alerte et d'intervention, même s'ils demandent toujours à être améliorés, mais aussi une société peu préparée à des phénomènes pourtant parfaitement prévisibles dans leur essence – sinon, évidemment, dans la temporalité de leur déclenchement. Les effets de la crise climatique, globalement on les connaît. Les zones les plus susceptibles d'en souffrir gravement, aussi. On sait globalement quoi, on sait globalement où, mais on ne sait pas quand.

L'urgence écologique, ce n'est pas seulement celle qui doit présider à des actions fortes pour réduire nos émissions de gaz à effet de serre : ces actions, nécessaires pour empêcher l'aggravation des désordres climatiques, ne suffiront pas à les faire cesser. L'urgence écologique, ce doit être de se préparer aux crises et d'embarquer les populations dans une démarche de prévention et d'adaptation. Définir les équipements minima dont devrait se doter chaque acteur sur une zone donnée (par exemple des bouteilles d'eau minérale en nombre suffisant dans chaque foyer pour les zones à risques de stress hydrique majeur ou d'inondations susceptibles d'atteindre le réseau de distribution d'eau potable), ce devrait devenir une des priorités de l'écologie. Procéder à de vrais exercices de simulation de catastrophes. D'expérience, j'ai pu mesurer à quel point notre mémoire sociale et administrative est faible : on se concentre sur la gestion de la crise quand elle intervient, on pare à l'urgence, on reconstruit lorsque c'est nécessaire, mais quelles conclusions pratiques tire-t-on des catastrophes qui surviennent – sur les territoires concernés mais aussi sur les zones susceptibles de subir des événements similaires ? En réalité, très peu. J'en ai fait plusieurs fois l'expérience en tant que ministre de l'Écologie : si les crises bénéficient toujours d'une forte couverture médiatique, lorsque vient le temps des rapports, colloques ou simples réunions tenues pour en tirer les leçons, « l'actualité » est passée à autre chose. De la même manière qu'il existe un Observatoire parlementaire d'évaluation des choix scientifiques et technologiques (dont les travaux, trop peu médiatisés, sont de grande qualité), il me semblerait indispensable de disposer, sous l'égide du Parlement, d'un observatoire de gestion des crises, qui viendrait, après audition des acteurs de terrain et avis de scientifiques, tirer les leçons de l'expérience et formuler des recommandations pratiques et concrètes pour mieux surmonter les crises suivantes. Certes, cela ferait probablement moins les gros titres des journaux que les appels grandiloquents à « changer de modèle » qui ne manquent pas de fleurir après chaque catastrophe, mais j'ai la conviction que ce serait autrement plus utile. Il est d'ailleurs assez notable que les partis et associations du cartel Vert ne s'intéressent pas non plus à ce travail d'évaluation et d'amélioration de la gestion des crises, comme si le seul mot d'ordre valable était de s'attaquer aux causes globales de ces crises et à la dénonciation de coupables – qui sont forcément les grandes entreprises et le système capitaliste...

C'est d'autant plus important que nous savons faire face aux conséquences des catastrophes naturelles, nous savons en atténuer les effets : la multiplication des phénomènes météorologiques exceptionnels, telle que nous la percevons, est démultipliée par la diffusion des images chocs qui les accompagnent, en nous faisant perdre bien souvent le sens des proportions. Si on compare le nombre de décès dans le monde liés à des catastrophes naturelles dans les années 1920 (de l'ordre de 5 millions d'individus) à celui enregistré dans les années 2010 (moins de 500 000), on mesure les progrès qui ont été réalisés en termes de prévention, de gestion et d'intervention. En janvier 2020, confronté à ces chiffres, Nicolas Hulot, dans un débat sur RTL, avait menacé de « quitter le plateau », en reprochant à son interlocutrice de « refaire l'Histoire », en dénonçant des « chiffres qui n'ont aucune valeur, parce qu'ils mélangent tout ». Un récent rapport de l'ONU sur le sujet a fait grand bruit. Lu imparfaitement et trop rapidement, il a donné du grain à moudre aux adeptes de la stratégie de la peur et du catastrophisme climatique. En réalité, l'étude de l'ONU confirme les données que Nicolas Hulot contestait : ce rapport estime à deux millions le nombre de décès imputables aux plus de 11 000 catastrophes attribuées aux « phénomènes météorologiques, climatiques et hydrologiques extrêmes » signalées au cours des cinquante dernières années sur notre planète. C'est beaucoup. Beaucoup trop. Mais ça demeure infiniment moins qu'au début du siècle dernier, avant même que le dérèglement climatique soit identifié et ait commencé à produire ses effets dévastateurs. Du reste, ce même rapport de l'ONU note que, entre le début des années 1970 et la fin des années 2010, le nombre de décès liés à ces catastrophes a presque été divisé par trois, « grâce à une amélioration des systèmes d'alerte précoce et de la gestion des catastrophes ».

Plutôt que cultiver la peur, c'est cette intelligence-là, qui porte sur les aménagements, sur les systèmes de détection et d'alerte, sur la capacité à réagir aux événements, sur les capacités de secours, qu'il nous faut aujourd'hui mobiliser et développer.

« Je ne veux pas de votre espérance. Je veux votre peur » : le discours de Greta Thunberg, s'il peut contribuer à la conscience de défis à relever, inspire une bonne part des actions de la « galaxie verte » et lui sert d'égérie, d'Extinction Rebellion à Youth for Climate. Il infuse dans la société, l'enfermant dans une vision apocalyptique, qui ne contribue pas aux solutions. Bien au contraire.

Car rien ne serait pire que de compter sur la peur pour convaincre à agir. Bien loin d'ouvrir les yeux, la peur aveugle et fait perdre le sens des choses. C'est quand on a peur qu'on est le plus susceptible d'abandonner la science, de perdre la raison, et de se réfugier dans le confort de l'irrationnel et de la pensée magique.

Revenons trente années en arrière, en 1992 : cette année-là, à la veille du Sommet de Rio de Janeiro, 256 scientifiques et intellectuels, dont 74 prix Nobel, signent l'Appel de Heidelberg, qui se conclut ainsi : « Nous adhérons totalement aux objectifs d'une écologie scientifique axée sur la prise en compte, le contrôle et la préservation des ressources naturelles. Toutefois, nous demandons formellement par le présent appel que cette prise en compte, ce contrôle et cette préservation soient fondés sur des critères scientifiques et non sur des préjugés irrationnels. »

Très vite, il apparaîtra que des lobbyistes liés à l'industrie du tabac et de l'amiante ont joué un rôle opérationnel dans la publication de ce manifeste. Les industriels qu'ils représentaient iront même jusqu'à financer une fondation, le Centre international pour une écologie scientifique, destinée à valoriser les travaux scientifiques sur le climat. Dans les faits, ils espèrent bénéficier de l'aura intellectuelle des signataires de l'Appel de Heidelberg pour publier des papiers niant les dangers des produits dont ils sont chargés de porter les intérêts. À l'affût de toute opportunité pour mettre en cause l'idée même de réchauffement climatique lié aux activités humaines, des climatosceptiques financés par l'industrie pétrolière s'invitent à la table...

Cette manipulation grossière sera révélée, provoquant évidemment un scandale majeur, et l'Appel de Heidelberg deviendra rapidement un symbole des conflits d'intérêts.

On ne parlera plus du contenu de l'Appel, mais de ses conditions de réalisation et de publication. Même si, à l'époque, les affres de la cancel culture ne sont pas encore un sujet de discussion, ce sont bien les mêmes mécanismes qui sont à l'œuvre : on oublie le texte, seul compte le contexte, et le discrédit jeté sur le messager suffit pour discréditer le discours porté.

Je dois reconnaître que, jeune militant écolo, je suis tombé dans ce panneau. Et j'ai, comme beaucoup d'autres, sourit avec commisération devant quiconque évoquait devant moi l'Appel de Heidelberg, en lui rappelant les conditions de son élaboration.

*A posteriori*, et quand on constate la montée de la stratégie de la peur dans les discours écologistes, je ne peux pas m'empêcher de penser que si les lobbyistes ont utilisé l'Appel par intérêt, une question demeure : l'intérêt des uns fait-il disparaître la sincérité des convictions des autres ? Car il ne fait pas de doute que les scientifiques ont signé l'Appel par conviction. Sauf à croire qu'un tel aréopage d'intellectuels serait « achetable » (ce qui relèverait, pour le coup, du complotisme le plus délirant, je rappelle que Pierre Bourdieu, par exemple, était l'un des signataires), le contenu même du manifeste et la philosophie qu'il sous-tend ne devraient-ils pas être vus, avec le recul, comme une sorte de message d'alerte que nous n'avons pas su saisir et décrypter ? J'ai relu attentivement le texte en question, qui met en garde contre de nombreuses dérives, constatées depuis, qui sont au cœur de ce livre. Et je suis frappé de la lucidité dont faisaient preuve ses signataires.

Sur la méfiance envers la science et sur la technophobie qui sont devenues le terreau de nombreux courants de l'écologie, les auteurs écrivaient : « Nous nous inquiétons d'assister, à l'aube du XXIe siècle, à l'émergence d'une idéologie irrationnelle qui s'oppose au progrès scientifique et industriel, et nuit au développement économique et social. »

Sur le rapport entre l'homme et la nature, ils précisaient : « L'état de nature, parfois idéalisé par des mouvements qui ont tendance à se référer au passé, n'existe pas et n'a probablement jamais existé depuis l'apparition de l'homme dans la biosphère, dans la mesure où l'humanité a toujours progressé en mettant la nature à son service, et non l'inverse. »

Quand on est engagé en politique depuis trente ans, comme c'est mon cas, d'abord militant associatif, puis politique, puis élu, puis en situation de responsabilité, on est amené à adopter des centaines de positions, à prendre des dizaines de décisions. Et il arrive que l'on se trompe. Il arrive que, face aux évolutions du monde, on change d'avis. Contrairement à ce que charrie généralement le discours politique et médiatique, changer d'avis n'a rien de choquant, bien au contraire. On apprend en agissant. On apprend de ses échecs ou de ses erreurs. Le fait de changer d'avis est même la base de la démocratie – si aucun électeur, jamais, ne changeait de point de vue sur le monde, d'avis sur les solutions à apporter aux problèmes, il n'y aurait jamais d'alternance en démocratie. Et cette capacité à évoluer, les responsables politiques n'y échappent pas – j'aurais d'ailleurs tendance à penser qu'il faut se méfier de ceux qui restent toujours « fidèles à une idée », quand bien même elle aurait fait la preuve de son inefficacité ou quand bien même les données du problème auraient évolué.

Ces erreurs de jugement, ces signaux faibles auxquels on n'aura pas été assez attentifs forment parfois des regrets. Et s'il est un regret que je confesse sans difficulté, bien plus lourd que celui d'avoir laissé des homards être servis à ma table et d'avoir laissé quelqu'un les photographier, c'est bien celui de ne pas avoir été assez attentif au message que nous envoyaient les signataires de l'Appel de Heidelberg.

Mais il n'est pas trop tard pour bien faire, pour définir une voie qui permette d'affronter les défis écologiques dans la Raison, en s'inspirant de la science, en faisant le pari de l'inventivité humaine et de notre capacité collective à progresser, en refusant de faire le pari des peurs qui aveuglent et qui détournent de l'essentiel, de la source des maux de l'environnement.

Il y a quelques mois, un livre majeur est paru, consacré à la crise climatique. Son titre ? *Climat, comment éviter un désastre*. Son auteur ? Bill Gates. Je ne doute pas que son nom, qui concentre tant de fantasmes complotistes, suffira à certains pour discréditer le contenu du livre. Et pourtant. Pourtant, cet ouvrage, pédagogique et accessible à tous, écrit en s'inspirant de nombreux travaux scientifiques, comme de l'expérience industrielle incomparable de son auteur, mérite à mon sens une lecture attentive. Car il contribue, très utilement, à remettre les problèmes en perspective, à fixer les proportions des changements à effectuer pour affronter la crise climatique, à tracer des perspectives crédibles et opérationnelles pour agir.

On peut faire au texte de Gates beaucoup de critiques.

On peut lui reprocher d'adopter un point de vue très « états-unien », par les exemples qu'il cite comme par les pistes qu'il trace, notamment pour les financements publics de la transition.

On peut lui reprocher d'adopter même, dans sa description des conséquences prévisibles d'une aggravation du réchauffement climatique, un ton parfois excessivement alarmiste au regard des travaux scientifiques. Mais sans doute est-il préférable de retenir les prévisions les plus pessimistes pour éviter qu'elles ne se réalisent : c'est ce qu'on fait d'ailleurs dans le cas de la gestion de la crise pandémique, où nos politiques ont pour objectif de « faire mentir » les modèles des épidémiologistes.

On peut lui reprocher de ne pas apporter d'informations très nouvelles, de données inédites. Mais c'est précisément la force de l'ouvrage que de rendre visibles et accessibles des études scientifiques ou des pistes technologiques conçues par d'autres, de les mettre en perspective, de les rendre compréhensibles, au sens premier du terme.

On peut également objecter que Gates n'est ni climatologue ni écologue (au sens scientifique du mot) : mais, après tout, il ne l'est pas moins que beaucoup de responsables politiques ou associatifs, d'acteurs et actrices, stars du petit écran ou chanteurs célèbres qui signent régulièrement des tribunes autrement moins documentées sur les questions climatiques. Et en matière de révolution des comportements et de progrès technologiques, l'homme a fait ses preuves.

Mais je ne doute pas que la plupart des points de vue critiques (au sens négatif du terme) envers le livre de Gates concerneront son choix de ne pas imaginer des réponses à la crise climatique qui passeraient par l'émergence d'un « nouveau modèle » économique et politique. C'est vrai, Gates conçoit sa réflexion, élabore ses pistes pour l'action, imagine un plan d'actions dans le cadre d'une économie ouverte, et du système capitaliste.

Au risque de me faire taxer d'affreux libéral (ce ne sera ni la première, ni la dernière fois, et j'ai plutôt tendance à assumer l'étiquette), je trouve justement que l'intérêt principal du propos tient là : dans la capacité à analyser les grands enjeux, à identifier les défis à relever – notamment technologiques, mais aussi sociétaux et comportementaux –, sans pour autant tomber dans une forme de globish gauchiste qui caractérise si souvent les débats autour des questions écologiques.

Ce livre, lisez-le : il est précieux, car il contribue, dans le maelström médiatique et éditorial autour de la question climatique, à mettre de la rationalité et à clarifier les enjeux.

J'ai été frappé de constater à quel point les conclusions ou les questions qu'on y trouve rejoignent les réflexions que j'ai accumulées depuis mon départ du ministère de l'Écologie. Sur la nécessité de fixer clairement un objectif de zéro carbone en 2050 et de s'y tenir (bien plus important que le respect d'objectifs intermédiaires généraux, qui n'ont pas de sens quand les différentes nations partent de réalités énergétiques, industrielles, agricoles, logistiques différentes), sur la place de la recherche et de la technologie dans le combat pour le climat, sur la nécessité de promouvoir un développement économique puissant pour les financer et pour améliorer les conditions de vie des plus pauvres de la planète, sur le rôle primordial de la question du mode de production électrique, et de la place de l'électricité dans nos systèmes de production et de consommation, j'y ai retrouvé énormément de pistes utiles à la réflexion.

# L'écologie, c'est la sobriété plus... l'électricité !

Je dois reconnaître que mon passage au ministère de l'Écologie a fait évoluer ma compréhension, ma connaissance et mes positions sur un certain nombre de questions. Parmi elles, la question énergétique : elle me paraît désormais encore plus centrale que je ne le percevais auparavant, et les options qui sont les nôtres, en France et dans le monde, nécessitent probablement une approche plus nuancée que celle que j'avais jusqu'alors adoptée.

Affronter la crise climatique suppose d'atteindre, au milieu de ce siècle, la neutralité carbone, c'est-à-dire un équilibre entre le volume d'émissions de gaz à effet de serre produit par les activités humaines et le volume de $CO_2$ capté par la nature ou par des technologies nouvelles, que nous ne maîtrisons pas encore. Quelles que puissent être les avancées technologiques, et quel que puisse être l'effort collectif pour préserver et développer les zones naturelles qui captent le $CO_2$ (principalement les forêts primaires), la réduction drastique de nos émissions est un impératif primordial. Comme nous ne pourrons y parvenir par une décroissance qui mettrait en cause l'équilibre social de notre planète, plongerait nos économies dans la récession et les sociétés des pays en voie de développement dans le chaos, la seule solution consiste à produire et consommer en substituant aux process industriels ou agricoles producteurs de gaz à effet de serre de nouveaux process sobres, voire neutres en émissions, et en ayant recours, pour produire des biens, pour nous chauffer ou nous rafraîchir, pour nous déplacer, pour nous éclairer, pour transporter nos marchandises, à une énergie non émettrice – appelons-la énergie verte.

Ce raisonnement est imparable. Il s'impose à tous, il s'impose partout. C'est lui qui sert de cadre aux politiques de lutte pour le climat sur lesquelles les gouvernements du monde entier coopèrent, de COP en COP.

L'énergie, si elle ne représente qu'un peu plus d'un quart des émissions de gaz à effet de serre pour sa production, joue un rôle essentiel pour l'ensemble des processus : éliminer les énergies carbonées produit, par effet domino, des gains considérables dans la chute de nos émissions.

Prenons l'exemple des hydrocarbures. Leur contribution à nos émissions se fait lors de leur traitement et lors de leur utilisation. Pour le climat, c'est la double peine. Raffiner du pétrole pour en faire de l'essence pour nos voitures émet des gaz à effet de serre. Utiliser l'essence pour faire tourner nos moteurs en produit de nouveau.

Les hydrocarbures peuvent également être utilisés pour produire de l'électricité, dans des centrales au fioul, au gaz ou à charbon, par exemple. L'électricité en elle-même n'émet pas de gaz à effet de serre. Mais si, pour la produire, on a utilisé des hydrocarbures, elle ne peut être considérée comme « verte ». Pour le climat, c'est un péché originel.

Affronter la crise climatique impose qu'on soit capable, en même temps, d'assurer la transition de nos modes de vie, de transport, de production vers l'électrique, tout en produisant de l'électricité verte, c'est-à-dire de l'électricité qui n'aura pas elle-même généré des émissions de gaz à effet de serre lors de sa production. Pour résumer : il serait insuffisant de basculer notre flotte automobile de l'essence vers la voiture électrique si on ne s'assure pas que cette électricité soit verte.

Quand on mesure l'ampleur des mutations à opérer, on ne peut que parvenir à une première conclusion : le monde va, dans les décennies à venir, avoir besoin d'augmenter dans des proportions considérables sa production électrique. Quand bien même la recherche progresse sur l'hydrogène (qui est un autre vecteur énergétique prometteur qui ne produit pas d'émissions), aujourd'hui, la maturité technologique n'est pas assez avancée pour fournir des solutions rapides et convaincantes : pour produire de l'hydrogène vert (qui représente aujourd'hui moins de 5 % de la production totale d'hydrogène, le reste étant produit, pour des raisons économiques, grâce aux hydrocarbures), il faut de l'électricité verte.

Au centre de tout, donc, il y a la question de l'électricité et de l'inexorable (et souhaitable, pour le climat) croissance de sa production. La France n'échappera pas à cet impératif de produire plus d'électricité, même si des gains importants peuvent être réalisés par des économies d'énergie, des process plus sobres, des gains d'efficacité énergétique permis par de nouvelles technologies. Électrifier notre parc automobile, pour ne citer que cet exemple, cela signifie certes moins d'émissions liées aux moteurs à essence, mais cela signifie aussi des besoins plus importants en électricité.

On se souvient de la fameuse phrase de Lénine, définissant le communisme comme « les soviets, plus l'électricité ». Si on voulait sacrifier à la petite phrase, on pourrait presque écrire que l'écologie, c'est la sobriété, plus l'électricité décarbonée.

Éliminer les hydrocarbures dans la production électrique, c'est simple de l'écrire, beaucoup plus compliqué de le réaliser : pour mesurer le chemin à parcourir, il faut rappeler que, aujourd'hui, plus des deux tiers de l'électricité mondiale sont produits à partir de charbon (technologie la plus émettrice de gaz à effet de serre), de gaz naturel ou de pétrole.

C'est pourquoi la question de notre production énergétique est centrale. C'est aussi en grande partie parce que la convention citoyenne sur le climat n'a pas été saisie de la question que ses conclusions ont pu paraître aussi décevantes.

Produire une électricité propre, la moins émettrice de gaz à effet de serre possible, c'est le premier pas vers la transition écologique. Si on rate cette marche, on ne réussira jamais à gravir l'escalier.

Tout cela devrait faire consensus, ce n'est que du bon sens. Et pourtant, quand on en parle, on marche sur des œufs. C'est que, si tout le monde s'accorde sur la nécessité de produire une électricité propre, il n'existe pas de consensus sur la définition du périmètre des modes de production qui peuvent être considérés comme tels.

Pour la production électrique issue des hydrocarbures, l'affaire est globalement entendue et acceptée par tous : brûler du charbon ou du pétrole pour produire de l'électricité génère des émissions à des niveaux très élevé, qu'aucune technologie existante ou même en voie d'élaboration ne permet de réduire significativement. C'est pourquoi la majorité parlementaire a voté la fin de l'exploration et de l'exploitation de gisements d'hydrocarbures : pour cesser d'amorcer la pompe (si j'ose dire) d'un mode de production dont la planète doit apprendre à se passer au cours des prochaines décennies. Encore une fois, il faut rappeler à ceux qui passent leur temps à prétendre que la France serait à la traîne dans la lutte pour le climat ce que représentent ces décisions, au regard de la réalité du monde : pour produire notre électricité, nous avons dans ce quinquennat programmé et en grande partie réalisé la fin des méthodes les plus néfastes pour le climat – qui représentent, à l'échelle de la planète, plus des deux tiers des modes de production.

Pour la production d'électricité à partir de gaz naturel, les avancées technologiques (grâce à des filtres de plus en plus élaborés, grâce à des méthodes de captation du carbone sur lesquelles travaillent les ingénieurs du monde entier), l'espoir de pouvoir un jour la considérer comme verte progresse. Mais on en reste loin. Le gaz naturel demeure une moins mauvaise solution que les hydrocarbures dans la perspective de la décarbonation de la production électrique, mais il ne peut être considéré comme une voie permettant d'atteindre la neutralité carbone.

Restent donc, comme modes de production électrique non émetteurs de gaz à effet de serre, l'hydroélectricité, le solaire, l'éolien, le nucléaire et, peut-être demain, à condition qu'on arrive à en produire à partir d'une source décarbonée, l'hydrogène.

Chacun de ces modes de production d'électricité décarbonée a ses avocats et ses procureurs. Parce que les enjeux financiers sont considérables, plaidoiries et réquisitions n'hésitent pas à pratiquer raccourcis excessifs et parfois oublis grossiers. Parce que les enjeux sont aussi souvent idéologiques, la passion se saisit des débats. En France comme ailleurs, mais peut être plus qu'ailleurs, la question énergétique divise et s'enlise dans des échanges sans fin, où chacun se croit tenu d'endosser, sur chaque type de production, la robe d'un avocat ou l'habit d'un procureur.

Les avocats de l'hydroélectricité vous vanteront l'abondance des cours d'eau susceptibles d'accueillir des barrages, la fiabilité de la production, sa régularité, sa facilité de régulation en fonction des besoins de l'instant, son absence d'émissions. Sur tout cela, ils disent vrai.

Ses procureurs dénonceront les atteintes à la biodiversité, à l'équilibre naturel des rivières, contre les émissions considérables liées à des travaux de construction souvent monumentaux, contre les bouleversements sociaux dus aux déplacements de population, aux villages rayés de la carte lorsqu'un barrage est édifié. Sur tout cela, ils disent vrai.

Les avocats de l'énergie solaire et de l'éolien diront que, à la différence de l'eau, le soleil et le vent ne risquent jamais de manquer. Que les coûts de production ont considérablement baissé au cours des dernières décennies, au point d'être parfois devenus concurrentiels sans besoin de subventions publiques. Que cette baisse des coûts, conjuguée à une augmentation des rendements, est la conséquence du développement de la technologie (développer permet d'améliorer et de réduire les coûts unitaires), et qu'il convient donc de continuer d'investir dans ces secteurs. Que la recherche sur le stockage de l'énergie, sur les batteries, fait l'objet d'investissements massifs, et que le jour où les scientifiques et les industriels auront réussi à résoudre la question, solaire et éolien deviendront l'énergie verte par excellence. Ils ajouteront que le développement de nouveaux sites de production nécessite beaucoup moins de temps d'études, de temps administratif, de temps de travaux et d'installation que les autres modes de production électrique. Qu'il y a urgence à agir, et que le solaire et l'éolien permettent d'agir rapidement. Sur tout cela, ils disent vrai.

Mais les procureurs de ces énergies ne manqueront pas de souligner leurs faiblesses. Leur intermittence, en premier lieu : quand il n'y a pas de soleil, ou pas de vent, pas de production. Or, notre consommation électrique n'est pas intermittente, ce qui suppose que, pour faire face aux périodes de faible production, on ait d'autres sources de production électrique à disposition – et que, généralement, ces sources (centrales à gaz notamment) sont carbonées. Et pour beaucoup d'observateurs, même si les recherches sur le stockage de l'électricité progressent, atteindre dans un futur proche un saut technologique qui permettrait d'en faire la solution tient plus de la prière ou de la pensée magique que de l'espoir raisonnable. Ces procureurs, pourfendeurs du solaire et de l'éolien, vous expliqueront que, au-delà des périodes de sous-production, les énergies intermittentes font peser des risques sur l'équilibre du réseau de distribution électrique, imposant des investissements massifs pour les rendre « intelligents », c'est-à-dire aptes à évacuer vers des zones déficitaires le courant quand il est produit en quantité supérieure à nos besoins. Ils vous diront qu'installer des panneaux solaires sur de larges surfaces de terrain, qu'implanter des éoliennes n'est pas sans conséquences néfastes sur les sols, sur les paysages, sur la biodiversité. Ils vous diront pour finir que, en l'état actuel de nos moyens technologiques, il est impossible d'envisager une production électrique de masse exclusivement basée sur l'éolien, le solaire et l'hydroélectricité. Sur tout cela, ils disent vrai.

Quant au nucléaire, aux débats scientifiques, aux intérêts économiques, s'ajoutent bien des postures idéologiques qui contribuent à pervertir tout débat. Quelques semaines après avoir été nommé ministre, dans une interview au journal *Le Monde*, j'appelais à sortir de l'approche religieuse du nucléaire, les partisans comme les opposants étant animés d'une sorte de foi qui les fait souvent sortir d'un chemin de décisions rationnelles. Je dois bien reconnaître que je n'ai pas été entendu...

Les avocats du nucléaire rappelleront que la production électrique issue du nucléaire est exempte d'émissions de gaz à effet de serre. Qu'elle garantit une régularité de l'approvisionnement en électricité et que la technologie est « pilotable », qu'elle est capable de s'adapter aux pics comme aux creux de consommation – dans la mesure où les variations de la demande sont prévisibles et ne sont pas trop brutales (les variations saisonnières, par exemple). Que la maîtrise technologique française fait de notre pays l'un des leaders sur le sujet. Que notre parc nucléaire nous permet de disposer de l'une des électricités les plus vertes au monde – et donc de contribuer, par individu, plus faiblement que d'autres pays industrialisés aux émissions de carbone et autres gaz néfastes pour le climat. Que les coûts de production, parce que les dépenses de construction sont amorties sur une très longue période, permettent d'assurer la compétitivité industrielle et un budget énergie soutenable pour les consommateurs. Que, soixante ans après la mise en service des premiers réacteurs, les accidents nucléaires significatifs, ayant eu des conséquences sur l'environnement et sur l'homme, se comptent au nombre de trois, que les rapports de l'ONU sur ces accidents, qui ont mobilisé des dizaines de scientifiques à travers le monde, indiquent que le nombre de victimes directes demeure infiniment plus faible que les morts liés à l'extraction, au raffinage ou au transport d'hydrocarbures. Que des recherches prometteuses permettent de penser que nous pourrons, dans un futur proche, réduire très significativement, voire quasiment supprimer, les déchets des centrales, et que, en tout état de cause, ces déchets sont beaucoup plus contrôlés et confinés que les déchets issus des panneaux solaires ou des pales d'éoliennes, qui constituent de nouvelles sources de pollution. Sur tout cela, ils disent vrai.

Dans leurs réquisitoires, les opposants au nucléaire mettront l'accent sur la question de la sécurité : potentiellement, un accident nucléaire est susceptible de rendre impossible toute trace de vie sur une surface considérable et de générer des contaminations durables des sols, de la flore, de la faune et des habitants des régions concernées, et ce dans un très large périmètre. Ils vous diront que, même si on parvient à les retraiter partiellement et à en réduire la production, les déchets issus du nucléaire demeureront dangereux sur des périodes impensables à l'échelle d'une vie humaine – faisant peser des risques sur les générations futures, qui posent des questions d'éthique indéniables. Ils vous diront aussi que les coûts, tels que nous les avons connus, devront évoluer, puisqu'il est désormais demandé aux exploitants de provisionner les coûts de démantèlement des centrales – qu'on maîtrise mal. Ils vous diront aussi que des coûts cachés existent, notamment de sécurisation des centrales, qui sont supportés par la collectivité sans être inclus dans le prix de vente de l'électricité. Ils vous diront enfin que certains organismes, comme l'ADEME (Agence de l'environnement et de la maîtrise de l'énergie), considèrent qu'il ne serait pas impossible de se passer du nucléaire en France et d'y substituer un scénario « 100 % renouvelable », une fois toutes nos centrales arrivées en fin de vie mises à l'arrêt. Ils ajouteront que, conçu à une époque, celle des crises pétrolières, où la dépendance de la France à un approvisionnement tenu par les pays producteurs de pétrole posait des problèmes géostratégiques et économiques majeurs, le nucléaire dépend d'un combustible, l'uranium, qui est lui-même aujourd'hui extrait en dehors de notre territoire, ce qui fragilise l'argument d'indépendance énergétique qui est souvent brandi par ses partisans. Sur tout cela, ils disent vrai.

On touche là la difficulté de gouverner : contrairement à ce que laissent parfois penser les débats politiques binaires, gouverner ne consiste pas à choisir entre le bien et le mal, entre les meilleures solutions et les pires, mais à soupeser les avantages et les inconvénients de chaque solution pour *in fine* choisir les moins mauvaises. Et souvent à agglomérer des solutions imparfaites. Car tout choix, quel qu'il soit, comporte sa part d'inconvénients, parfois majeurs, sa dose d'effets secondaires, jamais inexistants.

Plus la question est importante, plus cette règle s'applique.

En ayant intégré le gouvernement, je savais que chaque déclaration que je serais amené à faire sur le sujet de l'énergie serait scrutée tout particulièrement : par ceux qui, dans la majorité et ayant toujours été partisans du nucléaire, entendaient veiller à ce que je demeure dans la ligne définie par le président de la République, par ceux qui, dans la « galaxie verte », étaient à la recherche de tout élément susceptible d'alimenter le procès en trahison auquel j'ai droit depuis que j'ai quitté EELV en 2015.

J'ai donc toujours tenté de tenir une position équilibrée, notamment quand j'ai déclaré, dans une interview au *Monde*, qu'il fallait « sortir des guerres de religion » en matière énergétique. C'était d'autant plus simple que la feuille de route qui était la mienne était claire : il s'agissait tout à la fois de développer les énergies renouvelables, conformément aux engagements pris par Emmanuel Macron en 2017, de préparer la fermeture des dernières centrales à charbon françaises, et de commencer à tracer le chemin pour nous amener à un nouvel équilibre énergétique en 2035 – et donc à faire baisser la part du nucléaire dans la production électrique française, par la fermeture de Fessenheim, décision annoncée par François Hollande en 2012, ayant fait l'objet d'un décret signé seulement en avril 2017. Ce décret signé par Ségolène Royal, alors ministre de l'Écologie, était si mal rédigé qu'il a été cassé par le Conseil d'État à l'automne 2018, quelques semaines après ma nomination... L'idée défendue par mes prédécesseurs, y compris Nicolas Hulot, était que la fermeture de Fessenheim interviendrait lors de la mise en service de la nouvelle centrale EPR de Flamanville. Cela entretenait le doute et l'incertitude quant à la fermeture de Fessenheim puisque l'opérateur EDF n'était pas en mesure de donner une échéance précise pour la mise en service de Flamanville. J'obtiens du Président Emmanuel Macron que l'on découple les deux. Ainsi j'ai pu annoncer à Fessenheim une date précise de fermeture avec un plan de reconversion du site. Dans un reportage, un responsable alsacien d'EELV à qui on demandait s'il était content, incapable de saluer ce qui aurait dû être pour lui une victoire, répondit seulement : « Je ne serais content que lorsque le dernier des 58 réacteurs nucléaires français aura été fermé. » Radicalité quand tu nous tiens... Pour ma part, n'étant déjà plus ministre quand cela s'est produit, j'aurais une petite fierté personnelle du travail accompli : la fermeture du premier réacteur de Fessenheim est intervenue à la date annoncée et celle du second réacteur avec quelques semaines d'avance sur les prévisions.

En arrivant au ministère, le programme de travail sur la Programmation pluriannuelle de l'Énergie était assez consistant pour que je n'y ajoute pas un débat théorique sur la question du nucléaire : ce n'est en effet que lors du prochain quinquennat que se posera véritablement la question de l'opportunité d'engager un nouveau programme de construction de réacteurs nucléaires, pour prendre le relai de ceux qui arriveront en fin de vie. Une question qui dépendra en grande partie des technologies alors disponibles, et de notre capacité à accompagner EDF financièrement dans cette aventure – l'entreprise à elle seule ne pouvant prétendre dégager des capacités de financement propres à la hauteur des investissements nécessaires.

La question ne se posait pas en 2018, elle ne se pose pas encore aujourd'hui, mais elle se posera dès le début du prochain mandat, et il faudra bien lui apporter une réponse.

# Électricité verte :
# si c'était la France qui montrait la voie ?

Je suis entré au ministère avec des convictions antinucléaires, qui sont le fruit d'une histoire personnelle et familiale, d'une réflexion éthique et de leçons tirées de Tchernobyl, puis de Fukushima. Au sein des Verts puis d'EELV, il n'y avait aucune place pour le moindre débat sur le nucléaire. Je me souviens avoir croisé au sein des Verts, un adhérent par ailleurs physicien, chercheur au sein du CERN (Centre européen de recherche nucléaire) qui osait à peine le dire et qui m'avait confié : « C'est dommage qu'il n'y ait aucun débat au sein des Verts, notamment sur les déchets nucléaires, car cela conduit à dire des bêtises : l'enfouissement des déchets nucléaires en grande profondeur en sous-sol argileux est par exemple, et de loin, le plus sûr. » Cela m'avait mis la puce à l'oreille. Et je n'ai jamais oublié son propos quand j'ai examiné le projet de Bure, combattu depuis toujours par les Verts, qui est justement celui qui permet de répondre à cette problématique des déchets. Et je le dis sans détour, après un an aux responsabilités en tant que ministre de l'Énergie (en France, le ministre de l'Écologie est depuis 2007 le ministre de l'Énergie), mes convictions antinucléaires ont été ébranlées. Sorti du gouvernement, je n'ai rien oublié de mon parcours, mais ai été habité par le doute.

Sur le risque nucléaire, j'ai pu mesurer le sérieux, la compétence et la rigueur de nos autorités de sûreté, qui ont considérablement rehaussé les exigences et les normes après les accidents en Ukraine et au Japon. L'Autorité de sûreté nucléaire, communément désignée comme « le gendarme du nucléaire », fait de notre pays, par la qualité de son travail, un exemple pour toutes les nations qui disposent d'un parc de centrales nucléaires. C'est elle qui, au grand dam d'EDF, suit les travaux de Flamanville et a imposé le changement du couvercle de la cuve du futur réacteur EPR ainsi que d'une partie de la tuyauterie à cause d'un doute sur la qualité de certaines soudures. La peur d'un accident nucléaire, il n'y a pas que les antinucléaires qui la ressentent : et l'ensemble du système de contrôle intègre les leçons des accidents passés, ainsi que des incidents qui surviennent, en France mais aussi ailleurs dans le monde, pour adapter sa stratégie de réduction du risque. Il n'y a probablement aucune activité humaine – et c'est heureux, mais on le signale trop peu souvent – qui soit aussi contrôlée, évaluée, par une coopération étroite internationale entre des organismes hypercompétents, par des capacités d'inspection et de contrôles réciproques, que le nucléaire. Et force est de constater, d'ailleurs, que ça marche : il y a peu d'activités humaines – et c'est heureux – qui aient rencontré aussi peu d'accidents au cours de soixante années d'exploitation, dans de si nombreux pays. Il y a par ailleurs peu d'activités humaines

– et c'est heureux – pour lesquelles des schémas aussi précis de gestion de crise soient établis, testés, anticipés. Les simulations d'accidents, les modèles de coordination d'intervention des services devraient d'ailleurs à mon sens inspirer le travail que nous avons collectivement à mener pour nous préparer aux phénomènes météorologiques extrêmes liés à la crise climatique. Le risque d'un accident nucléaire existe, et il est majeur. Mais le risque d'un accident nucléaire est pris en compte, et il est hypercontrôlé. J'ajoute que, sur cette question de la sécurité du nucléaire, cette législature nous aura permis d'avancer : dès 2009, avec mes collègues députés de l'époque, j'avais demandé qu'une commission d'enquête parlementaire travaille sur ce sujet. Nous n'avions alors pas de groupe autonome, et la proposition n'avait pas été reprise. Sous la législature précédente, alors que nous étions dans la majorité, le gouvernement nous avait fait savoir qu'il n'était pas favorable, et nous avions abandonné l'idée, car nous savions que, sans réelle coopération de l'exécutif, il n'en sortirait rien de concret. Cette commission d'enquête, c'est le groupe LREM de l'Assemblée nationale qui en a obtenu la création, et Barbara Pompili, qui en était rapporteure, a pu mener à bien ses travaux. Même si les choses demeurent compliquées, même si les positionnements des uns et des autres rendent toujours assez difficile l'établissement de relations de confiance et de transparence, il est incontestable que le « monde du nucléaire » français s'est ouvert, au cours des dernières années, au contrôle parlementaire, et a progressé dans la transparence. C'est vrai sur le nucléaire « civil » – celui qui concerne les centrales –, c'est vrai aussi d'ailleurs sur le nucléaire militaire : pour m'être investi depuis que je suis parlementaire sur la question des conséquences des essais nucléaires sur les travailleurs qui y ont participé comme sur les populations locales, en Polynésie, j'ai pu mesurer les avancées dans la transparence et la reconnaissance par l'État des effets des essais.

J'ai pu, lors de mon expérience ministérielle, constater également que sont extrêmement contrôlés les déchets de l'industrie nucléaire, et que des solutions existent pour en gérer la conservation et le confinement : l'enfouissement à Bure, auquel s'oppose la « galaxie verte », sur lequel j'ai longtemps été circonspect, est, j'en ai acquis la conviction, la moins mauvaise, la plus sûre des solutions. Un projet similaire a même été validé par Greenpeace en Finlande. C'est, de plus, une solution réversible, si des technologies de recyclage ou de confinement encore plus sûres venaient à être inventées à l'avenir. Tous les spécialistes que j'ai rencontrés convergent pour estimer qu'on ne disposera pas, dans un avenir envisageable, de solution plus adaptée à la problématique. Et c'est là qu'on touche du doigt la difficulté de concilier la responsabilité politique (qui est de choisir une solution pour un problème, solution qui comporte toujours des inconvénients) et la position militante (qui préfère parfois entretenir le problème dans l'attente d'une solution miracle dont on sait qu'elle n'arrivera pas, mais qui permet d'alimenter la mobilisation des partisans de la cause, et donc, bien souvent aussi, de continuer à « faire tourner la boutique » créée pour promouvoir la cause). Entretenir « l'absence » de solution pour les déchets nucléaires permet surtout d'entretenir le combat antinucléaire. Un chercheur m'avait même dit : « Pour les déchets nucléaires, sur le temps long, je fais plus confiance à la nature qu'à l'être humain. » Il voulait dire par là qu'il faisait plus confiance à l'argile en grande profondeur (cinq cents mètres de fond) pour se protéger du risque lié au stockage des déchets nucléaires qu'à la surveillance humaine du stockage en surface dans des « piscines » à côté des centrales. Clin d'œil écologique qui résume bien le choix.

Le doute qu'a semé en moi l'exercice des responsabilités n'est pas seulement d'ordre technologique : cette évolution est aussi le fruit de l'évolution de la problématique.

Tant que le nucléaire – ce qu'il était lorsque le programme français a été initié – n'était qu'une réponse à la dépendance énergétique française envers les pays producteurs de pétrole, on pouvait légitimement considérer que d'autres solutions, aux risques sanitaires et environnementaux incomparablement moins élevés en cas d'accident, et générant des déchets plus soutenables, devaient être privilégiées.

Mais dès lors que le nucléaire peut contribuer à répondre à grande échelle au défi de la crise climatique, la problématique change.

Peut-on se passer d'une solution aux risques en grande partie potentiels et virtuels (le nucléaire), lorsqu'elle constitue une réponse pertinente à des risques avérés et inexorables si on ne fait rien (le réchauffement climatique) ?

On peut se demander pourquoi les climatosceptiques (de moins en moins nombreux, mais ils existent toujours) sont généralement aussi favorables au nucléaire. Oui, le risque nucléaire est spécifique, mais ne doit-on pas l'assumer pour éviter un autre risque, encore plus important en cela qu'il est, lui, parfaitement avéré et deviendra incontrôlable si on n'agit pas pour l'éviter ? Si cette crise climatique n'existait pas, si on ne la voyait pas se dérouler devant nos yeux, prendre de l'ampleur, il n'y aurait en effet aucune justification à courir le risque que fait peser le nucléaire sur l'humanité. Ce serait tout à fait contestable. On pourrait même dire que ce serait une folie. Mais aujourd'hui, la folie, c'est de prôner des solutions qui continuent à aggraver le réchauffement climatique. Aujourd'hui à l'échelle mondiale, avec les pays émergents et les pays en voie de développement, mais aussi à l'échelle européenne, avec des pays développés et industrialisés, la priorité absolue en matière de lutte contre le réchauffement climatique devrait être la sortie du charbon et du pétrole dans la production d'électricité.

Alors, dès lors qu'on considère la lutte contre l'aggravation du réchauffement climatique comme le principal défi auquel l'humanité doit faire face, dès lors que l'enjeu numéro un du combat climatique consiste à produire, en masse, de l'électricité à partir de sources décarbonées, peut-on sérieusement se passer du nucléaire ?

Cette réflexion, le parti écologiste de Finlande l'a menée. Et les Verts finlandais proposent aujourd'hui de relancer un nouveau programme de construction de centrales. Dans les pays scandinaves, dans les rangs écologistes, des évolutions comparables voient le jour.

J'avoue prendre avec beaucoup de circonspection les études qui nous disent, non pas qu'un modèle 100 % énergies renouvelables est possible, mais plutôt qu'il n'est pas impossible – ce qui n'est pas tout à fait la même chose. Ces modélisations supposent des niveaux de gains d'efficacité énergétique qui ne sont ni inscrits dans une trajectoire claire qu'on percevrait aujourd'hui, ni sur des technologies en développement proches de la maturité nécessaire pour être mises en œuvre de façon réaliste techniquement et économiquement. Ces modélisations supposent une évolution de la consommation électrique qui me semble trop réduite pour atteindre l'objectif d'électrification massive de beaucoup d'usages, indispensable pour mener le combat climatique.

Et, surtout, elles me semblent négliger une réalité : le nucléaire, on y est, et quand bien même on déciderait, dans un horizon proche, de ne pas remplacer nos centrales lorsqu'elles arriveront en fin de vie, le temps du démantèlement et les déchets produits continueront à constituer des problèmes à gérer. On ne se débarrassera pas du nucléaire en appuyant sur un bouton ou par un simple texte de loi. Compte tenu de la forte proportion du nucléaire dans la production française d'électricité, on peut espérer en réduire la part, au profit d'énergies renouvelables, au prix, encore une fois, d'investissements massifs dans les réseaux et dans la recherche sur le stockage d'électricité. Cette évolution du mix énergétique, contrairement à une idée qui gagne du terrain actuellement, sera utile : elle permettra notamment d'améliorer la maîtrise, par notre industrie, de technologies renouvelables, d'augmenter leur rentabilité. Mais se passer totalement du nucléaire, sous prétexte des risques qu'il induit, cela apparaît de plus en plus impossible.

Voilà pourquoi je doute. Je sais bien qu'en politique, et plus encore dans le débat médiatique ou sur les réseaux sociaux, il vaut mieux afficher des certitudes bien ancrées. Mais je crois qu'il n'y pas de réflexion intellectuelle politique sans ouverture au doute. Donc, j'écoute, je lis – notamment des écologistes sincères qui, à l'image de l'Américain Michael Shellenberger, ont changé d'avis sur le sujet.

Je constate que, à l'échelle planétaire, le nucléaire n'est pas en voie d'abandon, loin de là, contrairement à ce qu'on aurait pu penser après Fukushima. Quand je suis allé au Japon en voyage officiel en tant que président de l'Assemblée nationale, au printemps 2018, tous les responsables politiques m'ont dit que leur préoccupation était de savoir comment rouvrir progressivement les centrales nucléaires du pays. Le remplacement en urgence en 2011 avait été effectué par des centrales thermiques, fortement émettrices de gaz à effets de serre. Des équipes de recherche chinoises, américaines notamment, mais aussi françaises, travaillent sur de nouveaux modèles de réacteurs, de nouveaux principes de production, plus sobres en déchets, voire, pour certaines technologies au stade d'étude et loin encore d'être opérationnelles, sur des centrales retraitant leurs propres déchets. « Si, à un certain moment, on est assuré que les déchets radioactifs seront peu nombreux, la sécurité élevée et les coûts bas, ce serait une folie de ne pas l'envisager » : en prononçant cette phrase, le ministre italien de la Transition écologique, scientifique considéré comme proche du mouvement Cinq Étoiles, opposé à l'énergie nucléaire, vient de jeter un pavé dans la mare. Dans un pays qui, après Tchernobyl, avait acté par un référendum l'abandon du nucléaire, Roberto Cingolani en appelle à une « discussion non idéologique ».

Toutes ces expériences, ces recherches scientifiques et technologiques en cours, ces débats qui traversent les cercles écologistes en Europe, devrions-nous les ignorer ? Pouvons-nous réellement décider, seuls dans notre coin, d'abandonner le nucléaire, alors que les compétences technologiques françaises dans le domaine sont réelles, tant en matière de conception que de gestion des risques, et qu'il y a là un moteur potentiel important de notre compétitivité économique et écologique et de notre rayonnement international ?

Qui pourrait répondre positivement à ces questions, sauf à adopter une simple posture militante, respectable en soi, mais en abandonnant toute ambition d'exercer réellement des responsabilités et d'agir concrètement pour affronter le défi du climat ?

Ces sujets, parce qu'ils sont empreints de beaucoup de passion, constituent un vrai défi démocratique.

Comment remettre de la raison dans des débats aussi passionnés ? Quand on voit la tournure que prennent les débats autour de la taxonomie verte européenne, il y a de quoi être inquiet. Derrière ce vocable peu compréhensible se cache une question essentielle pour le pilotage de la transition énergétique : les pays européens, pour mener des politiques coordonnées, se doivent d'identifier quels sont les investissements que l'on peut qualifier de durables. Dans ce cadre, il convient donc de définir l'impact carbone de chaque type de production énergétique : lors de la construction des infrastructures, au cours de leur exploitation, lors de leur démantèlement. À la différence de l'éolien et du solaire, qui sont par principe considérés comme vertueux (ce qui ne signifie pas que leur impact carbone soit nul), le nucléaire a fait l'objet d'un rapport, mené par le Centre commun de recherche de l'Union européenne, qui conclut que ses impacts environnementaux ne sont pas plus négatifs que d'autres technologies figurant dans la liste des investissements vertueux. Sur certains points, ils sont même plus favorables. Cette étude demande probablement à être complétée, validée. Mais il convient de noter qu'aucune technologie n'a fait l'objet d'une revue de conséquences aussi exhaustive et aussi poussée. Or, à peine l'étude publiée, elle fait l'objet d'une campagne de lobbying, afin de la discréditer. Campagne menée ou soutenue par certains pays, dont l'Allemagne, qui souhaitent exclure le nucléaire de leur production électrique : c'est, serait-on tenté de dire, de « bonne guerre », tant il est vrai que la coopération européenne ne supprime jamais totalement la guerre économique que se livrent les différents pays de l'Union. Plus surprenante est la participation de la « galaxie verte » à la campagne de dénigrement de l'étude : certains élus, d'une mauvaise foi crasse, remettent en cause les données scientifiques. Les mêmes que ceux qui exhortent chaque jour à « suivre les recommandations du GIEC » tentent de taire le fait que les experts du GIEC, dans tous leurs travaux sur la décarbonation à mener de notre production énergétique, considèrent le nucléaire comme un allié pour conduire la transition. Les faits, les données scientifiques s'évaporent devant les intérêts nationaux et devant des passions teintées d'idéologie. Ce n'est pas ainsi que nous répondrons au défi climatique.

Dans les prochains mois, il nous faudra prendre des décisions importantes sur l'avenir de notre parc nucléaire : ces décisions devront être débattues, expliquées, légitimes. Nous avons l'opportunité de définir un modèle de production d'électricité entièrement décarbonée, basé sur le couple énergies renouvelables + nucléaire, ce qui ferait de notre pays un leader international sur la question majeure des énergies pour l'avenir de la planète.

Et si le débat se résume à une confrontation entre l'État et la « galaxie verte », c'est à un dialogue de sourds que nous risquons d'assister, avec tous les risques que cela comporte, notamment des risques d'affrontements, dans une société en proie à la division et à la remise en cause permanente de la légitimité des décideurs à prendre des décisions.

Ce débat, il va donc falloir l'organiser. L'État sera probablement amené à imaginer des formats de consultation, d'association des citoyens à la décision, afin de la rendre la plus légitime possible aux yeux d'une opinion qui doute. D'une certaine manière, on peut dire que la conférence citoyenne sur le climat constitue, par ses aspects positifs comme par les faiblesses qui ont caractérisé une partie de ses travaux, un exercice utile pour définir un modèle d'élaboration de solutions partagées plus pertinent.

Mais, au-delà, pour mener le débat devant l'opinion, pour ne pas laisser le monopole de la parole écologiste sur la question à un cartel Vert bardé de certitudes qui ne vit que de l'indignation et d'oppositions de principe, il faut mener d'idées, certains diraient un combat idéologique. Le combat pour une autre écologie.

# Il faut incarner une écologie du progrès

Quiconque examine les engagements qu'avait pris la majorité en 2017 devant les électeurs sur les questions d'écologie ne peut que se résoudre à la même conclusion : les principaux ont été tenus par Emmanuel Macron et ses différents ministres de l'Écologie. L'action a même conduit le Président Macron à aller bien au-delà du programme du candidat Macron. Fin de l'exploration et de l'exploitation de nouveaux gisements d'hydrocarbures, développement des énergies renouvelables, programmation pluriannuelle de l'énergie (laissée en plan par Ségolène Royal entre le vote de la loi de transition énergétique en 2015 et la fin du mandat de François Hollande en 2017...), développement des aires marines et terrestres protégées, mise en place du Haut Conseil pour le climat, adaptation de notre fiscalité pour accompagner la mutation du parc automobile, aides directes à la rénovation thermique des bâtiments... Je pourrais compléter la liste des pages durant... Et l'objection qui est souvent faite, « le glyphosate ! », ne tiendrait pas : il ne s'agissait pas d'un engagement de la campagne présidentielle, mais d'une déclaration présidentielle faite par un tweet de novembre 2017. Exemple qui montre s'il en était besoin que l'on ne peut prendre une bonne décision sur la base d'un tweet de 280 signes...

La majorité a respecté les engagements pris – en allant souvent au-delà. Ce qui n'empêche que le jugement de l'opinion publique envers notre politique écologique semble demeurer négatif. Quand il s'agit de défendre notre bilan, bien souvent nous hésitons à prendre l'environnement en exemple d'un contrat respecté. Probablement en partie parce que l'État s'est lui-même pris les pieds dans le tapis en inscrivant dans la loi des objectifs chiffrés toujours plus ambitieux, à des échéances diverses. Non seulement cela alimente en permanence le procès du « pas assez », mais encore cela empêche de prendre en compte le chemin parcouru dans la réduction de nos émissions. Parce que des objectifs à court terme ne sont pas entièrement remplis, on en oublie que les émissions françaises de gaz à effet de serre ont baissé de 20 % par rapport aux années 1990. On en oublie qu'elles ont baissé sur les trois dernières années. Je parlais de « procès », l'expression n'est pas que symbolique puisque, désormais, des ONG écologistes attaquent l'État devant les tribunaux. Elles obtiennent même parfois gain de cause, comme dans la fameuse « affaire du siècle » : des victoires symboliques qui ne changent rien à la réalité, mais qui alimentent le procès médiatique permanent fait aux autorités publiques. L'État s'est piégé lui-même, par des lois incantatoires qui affichent des engagements de résultats chiffrés et datés (qui imaginerait faire de même sur les créations d'emploi ou sur la baisse du chômage ?) au risque d'entretenir les discours défaitistes ou systématiquement négatifs qui sont les pires ennemis des changements écologiques. Il faut inlassablement rappeler que ce n'est pas par des objectifs chiffrés dans des lois et encore moins dans les tribunaux que l'on baissera les gaz à effet de serre mais par une action multiforme qui passe certes par des mesures législatives mais surtout par des changements de comportement, eux-mêmes obtenus par une mobilisation des citoyens et des entreprises, des innovations technologiques et des dynamiques économiques.

Car le risque est d'aboutir à un résultat terrible : tandis qu'une partie de l'opinion, entretenue dans cette idée par la « galaxie verte », bascule dans le sentiment que rien n'est fait pour le climat, une autre partie est en train de s'enfermer dans le sentiment de l'« à-quoi-bonisme ».

La multiplication des discours alarmistes, le refus de valoriser les résultats obtenus (qui sont réels) dans la lutte pour le climat ou contre les pollutions font douter une partie de l'opinion de l'intérêt à agir : puisque la bataille semble perdue, pourquoi la mener ? Je suis frappé de constater la montée en puissance, sur les réseaux sociaux, mais également dans les conversations du quotidien, d'une position qui consiste, en gros, à dire que, la France étant responsable de moins de 1 % des émissions de gaz à effet de serre de la planète, tout effort de réduction de ces émissions serait sinon inutile, du moins insupportable dès lors qu'il risquerait de mettre en cause des habitudes ou des activités économiques. C'est l'argument que l'on entend à chaque fois dans la bouche des acteurs économiques, des entrepreneurs comme des salariés, secteur par secteur, quand on vient prendre une mesure, qui vient percuter fortement leur propre secteur d'activité – la fermeture des centrales à charbon françaises en est un exemple très concret.

Ce risque, que peu d'observateurs ont pointé jusqu'ici, ne peut que croître au fur et à mesure que les mesures de réduction de nos émissions vont venir bousculer nos habitudes, nous contraindre à adapter nos modes de production, et parfois nos habitudes de vie. La conscience des crises écologiques dans la population a crû au cours des dernières années, mais l'acceptabilité des mesures de transition ne va pas automatiquement suivre la même pente, bien loin de là. Et dans une société où la conscience de devoirs collectifs cède le pas à la revendication permanente des droits individuels (les débats sur la crise sanitaire, les mesures de freinage de l'épidémie, le pass sanitaire, la vaccination obligatoire de certaines professions en attestent), rien ne permet de penser que la voie de la transition écologique soit semée de pétales de roses.

Alors, il va falloir expliquer, en sortant du simple argument de la morale ou de la conscience d'un risque collectif. Car il ne suffit pas de semer la peur pour encourager à l'action : quand le sentiment croît que, quoi qu'on fasse, cela ne suffira pas à juguler la crise, le danger est que s'installe une opposition forte à toute politique de réduction des émissions. Et même si ce n'est pas une opposition franche et explicite, il y a l'inertie. Et l'inertie est le pire ennemi de l'écologie.

L'adaptation à la crise climatique et l'objectif zéro carbone ne sont pas que des questions d'environnement : ce sont aussi – et peut-être même avant tout, compte tenu de la part modique de la contribution française aux émissions – des questions de souveraineté nationale et de capacité à exister dans le monde de demain.

Car si, comme on peut et doit l'espérer, le monde se dirige réellement vers une société zéro carbone, ce sont les nations qui auront investi le plus fortement dans la technologie et dans leurs applications industrielles qui seront en mesure de jouer un rôle dans la compétition économique, et d'en tirer une forme de prospérité.

Même si la France ne génère que moins de 1 % des émissions mondiales (un peu moins de 2 % si on prend en compte tous les biens et services que nous consommons et qui sont produits hors de notre territoire), toutes les expériences, tous les process industriels ou agricoles, toutes les innovations que nous mettrons en œuvre sur notre territoire pour réduire ces émissions ont vocation à essaimer dans le monde, et à assurer aux centres de recherche et aux entreprises qui les concevront des débouchés économiques durables.

On entend souvent dire qu'écologie et économie ne sont pas inconciliables. Je l'ai moi-même dit à plusieurs reprises quand j'étais ministre. Ce type d'expression est cependant beaucoup trop faible, en tout cas trop défensive : la vérité est que notre capacité à affronter les défis écologiques est la condition de notre développement économique et de notre prospérité futurs. Un développement économique qui conditionne, soit dit au passage, notre capacité à financer notre système social.

J'ai vécu de l'intérieur le quotidien d'un ministre de l'Écologie. J'en ai tiré des leçons, notamment au regard de rencontres que j'ai pu faire depuis, d'études et d'ouvrages que le quotidien d'un président de l'Assemblée nationale et encore moins d'un ministre ne permettent pas de lire. Si j'écris moi-même aujourd'hui, c'est pour partager ces leçons.

Notamment pour celles et ceux qui, demain, auront la charge de ce beau ministère. Et pour celles et ceux qui, législateurs, auront la responsabilité de transformer en lois des orientations et des politiques publiques utiles au combat écologique.

Il y a peu de risques qu'on me soupçonne de « rouler pour moi-même » : d'abord, parce que la probabilité que je redevienne ministre de l'Écologie ne saute pas aux yeux aujourd'hui, et c'est une litote. Aussi, parce que, en juin prochain, conformément à l'engagement que j'avais pris en 2017, je ne serai plus député.

On ne pourra pas plus me soupçonner de marcher sur les plates-bandes de Barbara Pompili : je me suis fixé pour règle de ne pas commenter l'action de mes successeurs : pas simplement parce que, s'agissant de Barbara, une amitié nous lie, amitié, qui a résisté à tant de tempêtes politiques ou personnelles. Mais surtout parce que je connais les difficultés de la tâche et que j'ai pu mesurer à quel point les commentaires parasitaires de ses prédécesseurs peuvent gêner l'action du ministre.

Cependant, tant pour alimenter le projet de la majorité pour 2022 que pour aider ceux qui le mettront en œuvre si les Français lui renouvellent leur confiance, il y a tout de même quelques leçons, tirées de l'expérience et de la réflexion, que je peux et veux partager.

Et la première de celles-ci est que, pour mener une politique écologique vraiment efficace, il est indispensable de refuser d'entrer dans les grilles de lecture de la « galaxie verte » et assumer pleinement cette position, en l'exprimant comme un préalable à l'action.

Ce n'est pas facile, j'en ai bien conscience. Et en premier lieu parce que, à peine le nom du ou de la titulaire du portefeuille de l'écologie rendu public, les médias se précipitent vers les porte-parole des ONG écologistes pour recueillir leur réaction, comme ils se référeront systématiquement à leurs jugements dès que le ministre prendra une décision, sur quelque sujet que ce soit. D'expérience, j'ai pu mesurer que, même si le doute est présent à l'esprit, quand on accepte la charge de ministre de l'Écologie, on ne le fait pas sans une dose de présomption. Le doute porte sur la capacité qui sera la sienne à peser dans la machine de l'État, à gagner des arbitrages au sein du gouvernement. Mais, parce que le plus souvent on a derrière soi des années de militantisme ou de travail (administratif ou législatif) sur les questions écologiques, on a appris à fréquenter et à connaître ces acteurs de la « galaxie verte ». Et on pense – on n'entreprend jamais rien sans une forme d'inconscience ou de surestimation de ses capacités – qu'on réussira mieux que d'autres, mieux que la plupart de ses prédécesseurs, à amadouer les ONG et leurs représentants. Le calcul, toujours, s'avère perdant : entre les procès d'intention, les vrais désaccords et la culture du « jamais assez », le ministre de l'Écologie est condamné à « décevoir » des acteurs qui, dès le départ, ne lui font pas crédit de son engagement et sont à l'affût du moindre faux pas, de la première difficulté, pour dénoncer l'insuffisance de son action.

Même Nicolas Hulot, issu des rangs des ONG, n'a pas échappé à ce phénomène : quand le moteur de l'engagement dans le cartel Vert est l'indignation permanente et la dénonciation pavlovienne de tout ce qui se fait en matière d'écologie, le combat est perdu d'avance pour quiconque est décidé à passer du côté obscur de la force – c'est-à-dire, tout bonnement, à agir. Quand Greenpeace décerne ses prix de « boulets du climat », ce n'est pas à des climatosceptiques ou à des acteurs politiques qui négligent les questions climatiques que l'organisation s'attaque : c'est à celles et à ceux qui tentent d'agir, concrètement, en assumant des responsabilités gouvernementales. Afficher clairement qu'on agira sans se soucier des jugements des tenants d'une doxa verte à laquelle on ne croit pas donnerait probablement au ministre plus de liberté pour mener à bien sa politique. Je ne l'ai pas fait, pas plus que la plupart de mes prédécesseurs, notamment parce que, succédant à Nicolas Hulot, il m'était difficile d'aborder ma prise de fonctions en ouvrant un front avec des organisations qui voyaient dans sa démission la confirmation de tous leurs préjugés envers l'exercice du pouvoir et envers la majorité. Je ne peux m'empêcher de penser que cette incapacité à assumer clairement et frontalement un combat d'ordre idéologique sur la conception de l'écologie m'a amené à devoir constamment justifier de mon action à partir d'une grille de lecture conçue par d'autres, et à laquelle je n'adhérais pas. Ce temps perdu à tenter de donner des gages, c'est un temps qu'on ne consacre pas à la pédagogie autour des vrais enjeux. C'est le fameux syndrome du « Je suis d'accord avec vous, mais », qui a envahi le discours politique et qui cache le plus souvent de vrais désaccords. Autant dire, de prime abord, qu'on n'agira pas en fonction d'une grille de lecture qui est peut-être efficace pour récolter des dons ou cultiver une popularité dans l'opinion, mais qui est totalement inefficace quant à la capacité à atteindre des objectifs écologiques de fond. Cette grille de lecture ne sert à rien dès lors qu'il s'agit de gouverner, parce qu'elle éloigne le plus souvent des vraies questions et des solutions efficaces.

Lorsque j'ai été nommé ministre, une responsable d'ONG que je connaissais bien, interrogée sur ce qu'elle attendait de mon arrivée au gouvernement, a répondu dans un grand rire : « Rien ! » Je ne me souviens plus de ce que j'ai répondu au journaliste qui m'a demandé de réagir à cette déclaration. Ce dont je me souviens en revanche, c'est que j'avais envie de dire : « Elle a raison de ne rien attendre de moi. Je ne suis pas là pour satisfaire son organisation, mais pour agir pour l'écologie. » Je ne l'ai pas fait, probablement parce que j'ai hésité devant une telle attitude, qui aurait dérogé au « politiquement correct » qui entoure bien des débats sur l'écologie. Je ne peux m'empêcher de penser aujourd'hui que j'ai eu tort. Le politiquement correct fait beaucoup de tort à la politique en général et à la politique écologique en particulier !

Ce qui vaut pour le ministre vaut également pour les parlementaires. Être député, c'est être sursollicité, notamment désormais grâce à la technologie qui permet à des organisations de mettre en place des campagnes d'envoi en nombre de mails à destination des élus, pour les sensibiliser à une cause parfois, pour les inciter à voter un amendement à un texte, à s'opposer à un projet ou à une proposition de loi. Les premiers à s'être engagés dans cette brèche ont été les associations de « défense des contribuables » (très marquées à droite), notamment à l'approche du vote des lois de finance. Lors du vote ouvrant le mariage à tous les couples, et plus récemment lors de la révision des lois de bioéthique qui a autorisé la PMA pour toutes les femmes, les militants de La Manif pour tous ont également utilisé de tels moyens de pression sur les élus.

Mais c'est sur les questions d'écologie que ce cybermilitantisme ou cet activisme numérique est désormais le plus développé. Le moins que l'on puisse dire est que, lorsqu'il s'agit de faire pression sur les parlementaires pour qu'ils adoptent des positions conformes à leurs volontés, les ONG écologistes de la « galaxie verte » ne mettent pas en pratique leurs appels à la sobriété numérique !

On peut même, sur certains sujets comme la condition animale, parler de harcèlement numérique. Soudain, en fonction de l'agenda parlementaire, nos boîtes mail de député se mettent à déborder de messages comminatoires, nous enjoignant de signer tel ou tel amendement, de voter dans tel ou tel sens. C'est d'ailleurs sur la base de votre respect, ou non, de ces consignes que sont réalisés les fameux palmarès des organisations à l'origine de la campagne, souvent repris par ricochet par les médias : selon que vous aurez ou non adopté la position exigée de vous, vous deviendrez aux yeux de l'opinion un allié ou un ennemi de la cause. Le piège est d'autant plus efficace que, dans de nombreux cas, vous ne recevez d'identification de votre interlocuteur que son nom ou son prénom, sans possibilité de lui apporter une réponse argumentée. Vous êtes enseveli sous les messages et dans la quasi-incapacité pratique de leur expliquer votre position. Quand la manipulation est possible et que le mail des signataires est précisé, vos collaborateurs passent des heures à répondre, ce qui constitue une perte de temps et d'énergie : à supposer que chacun de vos collègues fasse de même, qui peut imaginer qu'un citoyen, qui aurait signé en un clic le message d'une ONG destiné aux députés, prendrait le temps de lire les 577 réponses qui lui seraient adressées en retour ? Censées réduire le fossé entre les citoyens et les politiques, ces méthodes contribuent, en réalité, à le creuser. Elles survalorisent certaines revendications (tant du point de vue de leur représentativité dans l'opinion que de celui de l'intérêt du questionnement au regard des enjeux écologiques) et ne font qu'entretenir des grilles de lecture de la réalité biaisées, le plus fortement simplistes et idéologisées, qui n'ont rien à voir avec la réalité des problématiques elles-mêmes. Ce n'est plus de l'action associative, ce n'est pas du militantisme de fond, c'est de l'activisme pur. Le « chargé de campagne » doit être content lorsque ses objectifs chiffrés sont atteints. Peu importe les réponses obtenues, seul compte le nombre de mails, de tweets ou de partage.

C'est ainsi que les débats sur la biodiversité se trouvent régulièrement pollués (il n'y a pas d'autre mot) par des causes, certes parfaitement légitimes, mais qui concernent la souffrance animale et non la préservation de la diversité biologique. Un exemple frappant est la place qu'a pu prendre dans le débat public un sujet comme celui des delphinariums (qui concerne moins de trente dauphins en France), tandis que des milliers de dauphins viennent s'échouer chaque année sur nos côtes. Cet activisme environnemental ne contribue pas à résoudre les vraies questions. Pire : bien souvent, il nous en éloigne.

Vouloir à tout prix faire entrer dans le spectre des questions d'écologie des sujets qui n'ont rien à voir avec elle, c'est fragiliser les combats écologistes : l'anecdotique, du moment qu'il permet de susciter l'émotion ou l'indignation du public, prend le pas sur l'essentiel.

Les débats sur la chasse illustrent tristement ce phénomène politico-médiatique désolant : en entretenant la confusion entre des questions – légitimes – relevant parfois de la lutte contre la cruauté envers les animaux et celles relevant de la lutte contre les pertes de biodiversité, certaines associations rendent en réalité un mauvais service à l'écologie. Les premières relèvent de jugements subjectifs, qui doivent donner lieu à des débats dans la société et à des réponses politiques – qui intègrent l'état de l'opinion publique sur le sujet tout en respectant le droit des citoyens à pratiquer des traditions parfois séculaires en accompagnant leur évolution. Pour ce qui est de la biodiversité, c'est la science qui doit guider nos pas en répondant à une question simple : quelle est l'évolution de la population des espèces concernées ? Quel est l'impact des prélèvements humains sur des populations d'animaux sauvages ? Ces populations sont-elles en diminution, quand ce n'est pas en risque ou en voie d'extinction ? Est-ce que réglementer les prélèvements, les soumettre à des quotas annuels, voire les interdire le temps que les populations se reconstituent peut être utile pour favoriser la permanence de l'espèce ? Ce sont ces questions auxquelles on doit répondre, sur la base de données scientifiques. C'est d'ailleurs ce que fait l'État, au travers des fameux arrêtés fixant les dates de la chasse ou les prélèvements autorisés sur certaines populations d'animaux. Durant ce mandat, nous avons franchi une étape importante dans ce suivi scientifique en mettant en place la « gestion adaptative des espèces » qui permettra de fixer les quotas de chasse non pas par principe ou par tacite reconduction mais bien sur la base des relevés scientifiques de l'état de conservation d'une espèce. Si on s'éloigne de cette approche scientifique, le risque est de tout mélanger. Et en mélangeant tout, en entretenant des fractures au sein de la société entre chasseurs et non-chasseurs, on affaiblit les décisions prises sur la base de données factuelles, pour protéger telle ou telle population d'animaux. Entretenir la confusion, c'est donner des arguments à certains acteurs de la chasse qui rechignent à respecter les limitations de prélèvement décidées sur la base de données scientifiques.

Agir pour l'écologie nécessite donc aujourd'hui de résister autant à ceux qui nient ou minimisent les crises écologiques qu'à ceux qui perturbent les efforts entrepris pour les résoudre en menant des combats, certes temporairement populaires, mais qui n'ont rien à voir avec les défis écologiques.

Je ne compte pas le nombre de fois où, ministre en charge de l'écologie, j'ai été interrogé sur la chasse à la glu (pratique pour laquelle je n'éprouve aucune sympathie, mais qui n'a rien à voir avec la biodiversité), sur les animaux de cirque, ou sur l'élevage des poules en batterie. Autant de sujets, désolé de le dire ainsi, totalement anecdotiques au regard des crises écologiques en cours. En revanche, je n'ai quasiment jamais été questionné sur la politique de soutien à la recherche, sur les initiatives gouvernementales ou les projets français ou européens relatifs à des technologies utiles pour affronter la crise des ressources ou la crise du climat. C'est pourtant là, dans notre capacité à développer la recherche, à accompagner l'innovation, à agir au niveau européen, que se trouvent les principaux enjeux. Ce serait d'autant plus intéressant d'en parler que la France a beaucoup de ressources en la matière.

Accepter d'exercer des responsabilités, c'est s'exposer au jugement des autres, mais aussi se soumettre, *a posteriori*, au jugement de soi-même. Pas certain d'ailleurs, pour ce qui concerne mon expérience, que, sur les questions relevant directement du bilan de mon action au gouvernement sur les questions d'écologie, mon propre jugement soit plus clément que celui d'autrui : les conditions de mon départ du gouvernement ont, dans la classe politique comme chez les éditorialistes, mais également parmi les ONG de la « galaxie verte », largement pris le pas sur l'analyse de mon action gouvernementale.

Face à la cabale des homards, il y a eu, chez les observateurs de la chose publique, peu de place pour l'examen du bilan.

Pour ce qui me concerne, si je suis fier d'avoir contribué à des décisions que je juge utiles à la cause écologique (et je suis disposé pour en débattre avec qui le souhaite, point par point), mon plus grand regret est de ne pas avoir immédiatement mis en œuvre une évaluation exhaustive de nos savoir-faire et de l'état de la recherche française concernant les technologies clés de la transition vers la société bas carbone.

L'État dispose d'outils pour mener cette revue de nos atouts et de nos faiblesses en la matière : France Stratégie, et désormais le Haut-Commissariat au plan de François Bayrou, placé sous l'autorité du Premier ministre. Dans le cadre du plan de relance, un travail très utile a été entrepris pour identifier des projets à soutenir, des technologies à financer. Mais il n'existe pas à ma connaissance de cartographie précise et exhaustive de nos atouts et faiblesses nationales sur des technologies aussi essentielles pour la transition (excellemment identifiées dans l'ouvrage de Bill Gates déjà cité) : ciment, acier, engrais et plastiques zéro carbone, réseaux électriques intelligents et stockage, captage de carbone, recherche sur la génétique des plantes permettant d'augmenter leur résistance aux sécheresses ou aux inondations, etc.

Même si la transition nécessitera des trésors d'innovation et des changements comportementaux, c'est finalement la maîtrise d'une vingtaine de technologies qui déterminera l'essentiel de sa concrétisation.

Je regrette de ne pas avoir initié un tel travail, qui constituerait un outil utile pour prioriser nos financements et piloter l'accompagnement technologique de la transition écologique.

Le Parlement, au travers de ses instances et procédures d'évaluation, pourrait utilement s'y atteler. Ce serait d'autant plus facile si France Stratégie était placée sous la responsabilité directe du Parlement. Un temps envisagée par Édouard Philippe, l'idée a vite été abandonnée par le gouvernement, sans doute après un discret mais intense lobbying de la haute administration qui se méfie toujours du Parlement. Mais il n'est jamais trop tard pour le faire, et j'ose espérer que, dans le cadre d'un second mandat, le président de la République remettra la réforme constitutionnelle sur les rails : le Parlement pourrait ainsi, sans que l'équilibre des pouvoirs soit rompu, voir son rôle d'évaluation de nos politiques publiques mieux reconnu.

Si l'État peut beaucoup, en orientant et en mobilisant les citoyens et les entreprises, le cadre national ne suffit évidemment pas pour agir : c'est l'Europe qui constitue l'échelle minimale pour piloter la transition. Cela suppose que les pays-membres de l'Union s'accordent pour définir ce qu'est un investissement vertueux, mettent en place des modes de financement agiles des équipes de recherche et de l'innovation technologique.

En cet été 2021, dans la quasi-indifférence des opinions publiques dont l'attention est légitimement mobilisée par les évolutions du Covid-19 et de son variant Delta, la Commission européenne planche sur le *green deal* européen. Le sujet est tout à la fois essentiel pour nous permettre d'atteindre l'objectif de neutralité carbone à l'horizon de 2050, et explosif tant il bouleverse des intérêts économiques puissants et nécessite un accord entre des États dont les visions, mais également les réalités industrielles sont parfois très différentes.

Se profile, à échéance rapide, c'est-à-dire dans les trente ans qui viennent, une véritable révolution pour nos vies quotidiennes : énergie, consommation, transports sont concernés. Nos économies, mais aussi le rapport de l'Union européenne aux grands ensembles politiques et économiques mondiaux sortira bouleversée de la mise en œuvre de cette politique majeure. Nouvelles normes pour les produits, investissements massifs, mécanisme de compensation carbone aux frontières, à la fois pour protéger nos économies de la concurrence de pays moins-disants sur le plan environnemental, mais également pour inciter nos partenaires commerciaux à engager une taxation juste du carbone, accompagnement concret des populations en situation de précarité énergétique sont concernés. Ce plan a en partie été rendu possible par la récente crise sanitaire, qui a fait tomber des tabous en matière budgétaire et qui illustre la nécessité pour l'Union de se doter de ressources propres, *via* une fiscalité écologique.

Pour tous ceux qui, depuis des années, se battent pour la mise en place de telles politiques (le « green deal européen » était déjà au cœur de la campagne de Dany Cohn-Bendit en 2009), ce moment devrait être considéré comme historique.

Et pourtant, attendez-vous à des critiques, des procès en trahison de l'ambition européenne dans la « galaxie verte » : la compagnie des jamais contents s'apprête à donner représentation de sa pièce favorite *Ça ne va pas assez loin.*

Nul ne sait aujourd'hui précisément quels seront les équilibres auxquels parviendront la Commission et le Conseil européens. La France, qui assumera la présidence tournante dans les mois qui viennent, aura à jouer un rôle essentiel.

Mais une chose est certaine : nous vivons en cet été 2021 un moment historique pour la traduction concrète des objectifs de décarbonation de nos économies et de nos modes de vie ainsi que pour l'affirmation de l'Europe comme puissance.

Et cela ne doit rien au hasard : un tiers du financement public mondial de la lutte contre le changement climatique provient déjà de l'Union et de ses États-membres. Notre Europe, dont nous avons si souvent désespéré, qui est bien souvent accusée de tous les maux, facile exutoire à nos insuffisances nationales, mais aussi parfois, par le passé, pusillanime et défaillante, a, en l'espace de deux ans, sous l'impulsion du couple franco-allemand, fait des pas de géant : elle a fait face aux conséquences économiques de la crise du Covid qui l'ont amenée à revoir de fond en comble ses modes de pensée budgétaires et à déployer des financements massifs pour les plans de relance. Elle a pris le leadership d'une lutte contre la crise climatique que les États-Unis de Trump avaient désertée. Par ses décisions, elle travaille concrètement à rétablir une souveraineté technologique et industrielle que la mondialisation dérégulée avait peu à peu grignoté.

La révolution verte, la vraie, celle qui élabore et met en œuvre des solutions aux problèmes et ne se contente pas d'entretenir les peurs et de cultiver l'indignation, est en marche. L'Europe y joue un rôle primordial. Et elle n'est pas le fait des autoproclamés révolutionnaires du climat, mais de gouvernements modérés, d'entreprises, d'une économie sociale de marché, de scientifiques et de chercheurs, d'ingénieurs travaillant sur des technologies de pointe. Et si l'espoir du progrès était plus efficace, et plus réaliste, que la peur ?

# D’une crise à l’autre

Toute crise s’accompagne d’une montée de l’irrationnel, de slogans simplistes annonçant des solutions miracles (qui ne sont jamais que des mirages).

Toute crise a ses charlatans, ses prophètes de malheur, ses profiteurs.

Mais les crises sont également de formidables accélérateurs de connaissance : elles nous amènent à mieux comprendre des phénomènes complexes auxquels on ne portait pas attention, car tout nous semblait naturel. Affronter une crise, collectivement, c’est aussi l’opportunité de mobiliser des connaissances accumulées au cours de ses apprentissages, d’apprendre.

C’est pourquoi la première ressource des sociétés démocratiques, lorsqu’elles sont confrontées à une crise, c’est le niveau d’éducation et de connaissances du peuple. Les défaillances éducatives se paient cash et favorisent les réactions irrationnelles, les promoteurs de potions magiques. À l’inverse, la capacité de réflexion, l'aptitude à mobiliser des connaissances, à accéder à une information fiable et recoupée qui n'aurait pas été phagocytée par la recherche du scandale permanent, permettent de créer du débat, de générer du consensus pour élaborer des diagnostics partagés et s'accorder sur des solutions.

La pandémie que nous traversons illustre cette réalité : nous avons, en quelques mois, collectivement beaucoup appris sur les virus, leurs modes de transmission, leurs capacités à muter, sur les vaccins, leurs principes d'action et leurs bénéfices. Et si nous parvenons à sortir de cette pandémie, à tout le moins à vivre avec le virus en atténuant ses conséquences, c'est bien à cette capacité collective à écouter les scientifiques, à tirer profit des avancées de la technologie, à prendre des décisions basées sur des faits et sur notre aptitude à les comprendre que nous le devrons. Cela ne fait pas, des citoyens, des épidémiologistes ou des spécialistes des vaccins, mais cette pandémie aura fait beaucoup pour nos connaissances scientifiques, dans des domaines qui n'occupaient pas nos esprits avant qu'elle survienne.

Pour les crises écologiques, je crois profondément que la problématique est la même : comme le Covid a ses gourous, l'écologie a ses charlatans. Face à eux, pour élaborer des solutions partagées, si la peur peut parfois créer un déclic utile, une prise de conscience, il faut la dépasser : la meilleure arme des sociétés face aux crises de notre environnement, c'est la connaissance. Et le rôle essentiel que devraient se fixer les partisans d'une écologie de solutions devrait être de contribuer à rendre lisibles des phénomènes compliqués, de tenter de faire preuve de pédagogie, en décrivant des mécanismes, parfois au prix de simplifications pour permettre la compréhension, mais toujours avec la même exigence d'honnêteté intellectuelle et d'humilité. En reconnaissant leurs doutes, leurs hésitations, et parfois l'évolution de leurs analyses face à la réalité des faits.

À la différence de la crise du Covid-19, qui nous a saisis par surprise, les crises écologiques sont connues, et leur évolution prévisible. Et, quoi qu'en disent les oiseaux de mauvais augure, qui construisent leur notoriété et bâtissent leurs carrières sur les prophéties apocalyptiques, le monde a avancé dans la conscience des efforts à fournir, des mutations à mettre en œuvre, pour affronter les défis de la perte de biodiversité et du dérèglement climatique.

Ce que le monde a réussi à faire sur la pandémie – la coordination internationale, la mobilisation du monde de la science, l'innovation technologique, la capacité à accélérer les processus de validation puis de production en dégageant des financements massifs, l'acceptation, par des populations informées et conscientes, de mesures exceptionnelles transitoires pour venir à bout de l'épidémie –, il n'y a aucune raison de penser qu'on ne sera pas capable de le reproduire pour préserver notre environnement.

Dans les mois et les années à venir, mais à très court terme, car l'agenda est d'ores et déjà arrêté, nous allons devoir prendre des décisions essentielles : sur la taxe carbone, sur la relance de notre programme nucléaire, sur nos niveaux, nos outils et nos processus de financement de la recherche. Sur des questions, aussi, que des activistes ont contribué à rendre taboues – je pense notamment aux apports potentiels de la génétique des plantes pour l'adaptation de l'agriculture au réchauffement climatique, au défi des rendements à augmenter pour nourrir une planète demain plus peuplée, comme à la réduction de l'usage des pesticides de synthèse.

Sur tous ces sujets, je tire la leçon de mon expérience du pouvoir que notre pays a des compétences et que l'opinion est prête aux changements nécessaires – à condition qu'elle ne succombe pas aux marchands de peur ou aux professionnels de la contestation et de la polémique.

La crise du Covid, même si elle a mis au jour chez certains, notamment au travers de la caisse de résonance des réseaux sociaux, une forme de refus de la science, de défiance envers la technologie et de contestation permanente de l'autorité, a surtout mis en évidence dans l'ensemble la force tranquille des Français.

Protestations de rue, opérations coup de poing, excès en tout genre font certes la une des médias : mais, finalement, sur le respect des confinements, des mesures sanitaires, sur la vaccination, c'est bien le sens des responsabilités qui l'a, très majoritairement, remporté. Je n'aime pas le concept de « majorité silencieuse » : en démocratie, la majorité se détermine par le vote, pas par des cris ou des silences. Mais je crois en la majorité qui agit. Celle qui, en s'informant, adopte des comportements quotidiens vertueux pour l'environnement. Celle qui, dans ses choix de consommation, prend de plus en plus en compte l'aspect environnemental. Celle qui, loin d'adhérer à l'activisme intéressé de quelques-uns, loin de succomber aux appels à la rébellion devant une extinction fantasmée, fait confiance à la science, fait confiance à la technologie, accepte les efforts aussi, dès lors qu'ils sont justement répartis et qu'ils ouvrent une perspective d'amélioration des conditions de vie.

C'est cette majorité, passionnément raisonnable, radicalement modérée, qu'Emmanuel Macron a incarné dans cette crise.

Aux yakafokon et aux jamais contents, j'ai envie de dire : « Vous trouvez le bilan écologique d'Emmanuel Macron mauvais ? En conscience, comparez ce qu'il a réussi à faire, sur l'extraction des énergies fossiles, sur la protection des espaces naturels, sur le développement des énergies renouvelables, sur la mobilisation des États. Mesurez la part des investissements en lien avec l'écologie dans le plan de relance post-Covid : 30 milliards d'euros ! Examinez même, sur les sujets qui vous semblaient emblématiques, symboles indépassables de vos luttes, quelles ont été les décisions de l'État : sur Notre-Dame-des-Landes, sur Montagne d'Or en Guyane, sur EuropaCity. Et comparez ce bilan avec celui de ses prédécesseurs ou avec l'action de ses homologues étrangers. Qui peut présenter un tel bilan ?

Et quand bien même vous continueriez à considérer le bilan négativement, demandez-vous, en conscience, qui, à part un président qui aurait réussi à se faire réélire – ce qui n'est pas arrivé depuis vingt ans en France – aurait assez de légitimité, de crédibilité internationale, assez de connaissance des acteurs et des mécanismes de fonctionnement de l'État pour imposer des mesures fortes comme vous le souhaitez ?

Quand bien même vous trouveriez les orientations que j'ai tenté de définir ici trop peu en résonance avec vos positionnements personnels, notamment parce qu'elles ne reprennent pas un certain nombre de préceptes « de gauche » et qu'elles ne s'inscrivent pas dans l'anticapitalisme, est-ce que la mise en place de ces réformes n'est pas préférable à la paralysie devant les vraies questions, celles qui comptent, paralysie associée à une frénésie de réformes sans autre portée que symbolique ? Cette conformité aux tabous, au risque de passer à côté de solutions utiles aux crises écologiques, cette fuite dans les combats accessoires, au risque d'épuiser une société française fragile et morcelée, n'est-ce pas, au fond, ce que le cartel Vert porte en lui ?

Bref, en matière d'écologie comme dans bien d'autres domaines de la vie, ne vaut-il pas mieux un réformisme raisonnable décidé et qui sait où il va plutôt qu'une radicalité empreinte d'idéologie, ignorant tout ou presque de la machine de l'État et prisonnière de certitudes toujours construites dans le refus ?

# Table

## – Proposer –

MIXTE
Papier issu de sources responsables
FSC
www.fsc.org
FSC® C003309

L'éditeur de cet ouvrage s'engage dans une démarche
de certification FSC® qui contribue à la préservation
des forêts pour les générations futures.

Pour en savoir plus :
www.editis.com/engagement-rse/

CET OUVRAGE A ÉTÉ ACHEVÉ D'IMPRIMER SUR ROTO-PAGE
PAR L'IMPRIMERIE FLOCH À MAYENNE EN SEPTEMBRE 2021

N° d'impression : 99165
*Imprimé en France*